///// 自治体議会政策学会叢書 /////

まちづくりと新しい市民参加

―ドイツのプラーヌンクスツェレの手法―

篠藤 明徳 著
（別府大学教授）

イマジン出版

目　　次

ドイツからの序言 ……………………………………………………… 5

はじめに ………………………………………………………………… 8

第1章　「プラーヌンクスツェレ」とは何か……………………11

　① プラーヌンクスツェレ、ディーネル教授との出会い ………… 11
　② 90年代から活発化する市民参加……………………………… 12
　③ プラーヌンクスツェレとは …………………………………… 13
　④ プラーヌンクスツェレの実施状況 …………………………… 16

第2章　ノイス市の中心市街地活性化 …………………………18

　① ノイス市中心市街地の概況と課題 …………………………… 18
　② 住民投票 ………………………………………………………… 20
　③ プラーヌンクスツェレの実施 ………………………………… 23
　④ プラーヌンクスツェレに対する政党の意見 ………………… 33
　⑤ 「市民答申」の実現状況 ……………………………………… 35

第3章　レンゲリッヒ市の工場跡地再開発 ……………………38

　① 第1回プラーヌンクスツェレの課題と実施前の準備 ………39
　② 参加者 …………………………………………………………… 40
　③ プラーヌンクスツェレのプログラム ………………………… 41
　④ 「市民答申」の内容 …………………………………………… 46
　⑤ 「市民答申」を受けて ………………………………………… 49
　⑥ 2回目のプラーヌンクスツェレ ………………………………51

第4章　プラーヌンクスツェレの実施上のポイントとその意義…54
- ① 実施上のポイント ……………………………………………54
- ② プラーヌンクスツェレの意義 ………………………………62
- ③ 検討課題 ………………………………………………………69

第5章　日本での取り組み ………………………………………72
- ① 日本でのプラーヌンクスツェレの紹介 ……………………72
- ② 東京青年会議所の取り組み …………………………………74
- ③ 日本プラーヌンクスツェレ研究会の発足 …………………77

第6章　三鷹市の事例と日本での可能性 ………………………82
- ① 三鷹市の実践 …………………………………………………82
- ② 日本での可能性 ………………………………………………95

おわりに ………………………………………………………… 101

参考文献 ………………………………………………………… 105

著者紹介 ………………………………………………………… 107

コパ・ブックス発刊にあたって ……………………………… 108

ドイツからの序言
ヴパタール大学名誉教授
ペーター・C・ディーネル

Geleitwort aus Deutschland.

Im Durcheinander unserer Zeit erweisen sich Regierungsorganisationen als relativ feste und verlässliche Gegebenheiten. Ihre Aufgabe ist es ja, die allgemein gültigen Entscheidungen zu fällen und sicherzustellen. Und doch sind diese Organisationen deutlichen Wandlungsprozessen unterworfen.

- Eine Entwicklung, die immer spürbarer wird, ist durch das Aufkommen der elektronischen Kommunikationsmöglichkeiten ausgelöst worden.
  Der Arbeitsplatz eines Beamten sieht heute sehr anders aus, als noch vor 3 Jahrzehnten.
- Vermutlich viel eingreifender, aber zunächst noch sehr wenig sichtbar, wird sich ein anderer Wandlungsprozeß auf die Regierungsorganisation auswirken : Das förmliche Einbeziehen von Bürgerinnen und Bürger in die staatlichen Prozesse.

Dieses Buch beschreibt einen sozialen „Baustein", der ein solches Einbeziehen ermöglicht. Er eröffnet dem Menschen, jeweils an einer

Aufgabe orientiert und radikal befristet, dafür aber konkret erfahrbar, den Zugang zur Rolle des Mitgestalters, des Staatsveranstalters, des Bürgers im ursprünglich gemeinten Sinne.

Demo-Kratie hieß einst : die Leute herrschen.
Im Teilnehmen an diesem Herrschen, im Mitgestalten, einigen sich die Menschen in einem solchen Baustein auf die Lösung ihres Problems, und zwar-wie wir wissen-auf eine Lösung, die deutlich im Allgemeineninteresse liegt. So werden denn eines Tages bestimmte, uns alle belastende Konflikte anfangen, wegzuschmelzen. Manches, was die Politik noch nicht kann, können eben die Menschen. Das Etwas was bisher unglaublich ist, wird Realität.

Auch in Japan wird man diesem Weg gehen. Ich darf diesem großen Lande dabei Ausdauer beim nicht leichten Beginn und dann viel Erfolg auf lange Sicht wünschen.

Prof. Dr. Peter C. Dienel.

　　　混乱する現代、政府組織は比較的堅固で信頼できるものと自明のように考えられています。その役割は、普遍的に有効な決定を下し、保証することです。しかしながら、この組織は明らかに転換のプロセスの渦中に投げ込まれています。

・ますます感じられるひとつの変化は、電子的コミュニケーションの可能性が出現することで引き起こされました。公務員の仕事は今日、30年前のものとは全く異なっています。
・しかし、政府組織に起こっている、もうひとつの転換

のプロセスは、もっと大きな影響を与えるものですが、ほとんど見ることができないものです。それは、市民が政策過程に公式に参加することです。

本書は、このような参加を可能にする、ある社会的"構成要素"について書いています。ある課題に対して、一定の期間に厳しく限定し、しかし、具体的に体験できる形で、共同制作者、主権者、本来の意味での市民としての役割を果たす道を、この方法は人々に開きます。

デモ・クラシーとは、かつて"人民の統治"を意味していました。この統治に参加し、共に形成することで、このような方法によって、自分たちの課題を解決し、私たちが知っているように、これは明らかに普遍的利益の上に立つ解決ですが、それに人間は同意するのです。そうすることで、私たち全ての重荷となっている争いは、ある日、溶け始めるでしょう。政治がまだできない多くのことを、むしろ人間こそができるのです。今まで信じられなかったことが現実になります。

日本でもこのような道を進むでしょう。初めは簡単ではありませんから忍耐されることを、しかし、長い目で多くの成功があらんことを、私はこの偉大な国に願っています。

はじめに

ドイツの新しい市民参加の方法
「プラーヌンクスツェレ」

　今日、「市民参加」「市民との協働」がいたるところの自治体で言われています。「民主主義」が市民・住民を主人公としているため、議員、首長は建前としても「市民の声を聞く」と言わざるを得ないことも理由のひとつでしょう。また、実際のところ、公共的課題が住民の協力なくして出来ないと言う認識が強まったことが大きな理由でもあります。ただ、「市民の声を聞く」というのは、実際、どのようにして可能でしょうか。これは、簡単なようで実に難しい問題です。

　本書では、日本の読者には聞き慣れない「プラーヌンクスツェレ」という名の新しい市民参加の方法を紹介します。これは、ドイツで生まれ、今日、ドイツを越えた国や地域で活用されている市民参加の方法です。しかし、後で述べるように、ドイツでこの方法が受け入れられるのに30年の歳月が経っています。ドイツでも、住民投票制度の制定など直接民主主義の制度を確立しながら、実際には「市民の声を聞く」ことが難しく、様々な市民参加の方法が試される中、次第にこのプラーヌンクスツェレも注目されるようになりました。「プラーヌンクスツェレは市民参加のベンツだ。高いが性能は抜群」という言葉で表現されます。

三鷹市など各地で実践され始める

　ところで、社会的条件の全く異なった日本で、プラーヌンクスツェレが実現するか心配されましたが、本書の中で取り上げるように、時代の流れは急であり、日本でもこの方法を実現しようとする取り組みが始まっています。「市民との協働」を押し上げる時代の潮流は、人の予想を超え、強いのでしょう。本書が、自治体の現場で「市民参加」を求める真摯な声に対して、少しでも寄与し、その結果、プラーヌンクスツェレが日本で実現されることを後押しできたら、私の望外の幸せです。

　本書では、まず、プラーヌンクスツェレとは何かを簡単に述べ、これまで実施されたものをテーマ別に分類し、その概要を理解していただきたいと思います。次に、ドイツにおける地方自治体での実施の様子をノイス市とレンゲリッヒ市の事例に基づいて詳しく報告します。それで、プラーヌンクスツェレの具体的イメージを読者がつかんでいただけると幸いです。第4章では、プラーヌンクスツェレを実施する場合のポイントについて総括し、その意義を述べてみます。

　2004年1月に出版された篠原一教授の「市民の政治学」（岩波新書）は、討議デモクラシーとの関連でプラーヌンクスツェレを紹介しましたが、それをきっかけに東京青年会議所のメンバーを中心に、一般市民の行政への参加を促す「市民討議会」が実施されました。これは、無作為抽出で選ばれた一般市民が、小グループでの討議を通しながら意見形成し、公共的課題に対し提言するというプラーヌンクスツェレの特色に触発されたものでした。そこで、第5章では、その一連の取り組みを紹介します。昨年、千代田区で実験的に取り組まれましたが、今年になり再び千代田区で実施され、立川市、三鷹

市と続いてきました。来年以降、町田市等、他の市町村での開催も検討されています。第6章では、行政が本格的にその手法を用いた三鷹市での最新の事例を取り上げつつ、日本での可能性を論じます。住民基本台帳から無作為で選ばれた市民の参加者が話し合いを重ねながら、「子どもの安心・安全」という課題にどのように意見を形成し、提案していくのか、三鷹市の職員も、実施を担った三鷹市青年会議所のメンバーもハラハラしながら、注目しました。しかし、見も知らない市民が互いに活発に意見を述べ、意見形成していく様子を見て、人間の持つ公共性の力に改めて心を強くしたようです。

責任ある"市民"の登場

　日本でも様々な面で大きな変化が起こっています。「官」から「民」へというフレーズは、「民」が、企業を中心とした市場の意味か、NPOなどの市民社会を志向するものなのか、わらない面があります。また、「地方ができることは地方へ」という地方分権の主張にも、財政危機克服のため地方への責任転嫁という側面もあります。しかし、これからの地方自治体では、住民との協働が本当に必要になってきているのは事実でしょう。そのためには、もう一度、人間が本来持つ「公共性」や「協働性」への信頼を取り戻すことが大切です。そのような市民の力に裏打ちされた社会でなければ、「観客民主主義」の進行を食い止めることはできません。

第1章 「プラーヌンクスツェレ」とは何か

① プラーヌンクスツェレ、ディーネル教授との出会い

　「プラーヌンクスツェレ」は、ドイツ語でPlanungszelleと書きますが、英語では Planning Cells（プラニング・セルズ）になります。直訳すると「計画細胞」です。しかし、ここではドイツ語のまま「プラーヌンクスツェレ」の言葉を使います。その説明の前に、プラーヌンクスツェレと私の出会いについて簡単に述べたいと思います。

　ドイツの代表的な週刊雑誌シュピーゲルにプラーヌンクスツェレに関する記事が載ったのは1995年でした。ゾーリンゲン市で集合住宅地建設を計画するのに、住民台帳から無作為に選ばれた市民がアイディアを出し、また、ケルン市の中心市街地外開発計画でも同様の手法が用いられたという記事でした。タイトルは「良識ある国民感覚」というもので、その内容に私は大変興味を持ち、書店で「プラーヌンクスツェレ」を購入し、すぐ読みました。民主主義では国民、市民こそが主権者であるといいますが、どのように民意を反映するのか、なかなか難しい問題です。いろいろな政治理論はありますが、「選挙」を通して主権者の声を聞いたことにするという「投票箱のマジック」と呼ばれる問題が指摘されています。プラーヌンクスツェレでは実現可能なシンプルなモデルとして、「市民の声を聞く」という課題に応えてい

ると感じました。それから、考案者であるディーネル教授を訪ね、直接教えていただき、またその実践に参加しました。教授がプラーヌンクスツェレを考案したのは1970年代で、最初の実験は72年シュベルムで行われました。つまり、考案され30年以上が経っているのです。教授は、自分が生きている間に注目されるとは思わなかったと言っていますが、プラーヌンクスツェレが脚光を浴びてきたのはここ10年くらいでしょう。これにはドイツの社会的背景があります。

❷ 90年代から活発化する市民参加

　戦後ドイツの政治を参加民主主義の立場で概観すると、3つの分岐点があります。まず、69年の社会民主党ブラント政権の成立です。60年代の学生運動の影響も色濃く「もっと民主主義を」をスローガンに新風を起こしました。選挙権も18才に引き下げられました。次は、81年、緑の党が連邦議会に進出した時です。緑の党は、反政党的政党といわれ、「底辺民主主義」を主張し、様々な住民運動を基盤として大きな影響を与えました。創設当初は、議員が固定化されることを嫌い、毎回メンバーチェンジをしました。

　次の分岐点は、90年のドイツ統一から、住民投票制度が州、地方自治体で法制化されていった時でしょう。市民が主権者として直接表決するこの制度（法的拘束力のある決定）は、直接民主主義に懐疑的であったドイツの政治風土を一変させました。

　こうした潮流の中、既成の政治決定機関（行政や議会）は、真摯に市民の声を聞かなければならなくなりま

した。そこで、様々な市民参加の方法が競い合うようになり、ある政治学者はその様子を「あたかも市場の中で商品が競争しあっているようだ」と評しています。80年代後半から登場した自治体経営革新論から「新しい自治体運営モデル（Neues Steuerungsmodell）」を提唱したバナー教授も、90年代以降を「自治体と市民の協働の時代」と位置づけ、さまざまな市民参加が必要であると述べています。こうした市民参加花盛りの時代に、プラーヌンクスツェレは次第に脚光を浴びるようになりました。

３ プラーヌンクスツェレとは

　プラーヌンクスツェレについて、ディーネル教授の原著「プラーヌンクスツェレ」の74頁に、以下のように定義されています。

　「プラーヌンクスツェレは、無作為抽出で選ばれ、限られた期間、有償で、日々の労働から解放され、進行役のアシストを受けつつ、事前に与えられた解決可能な計画に関する課題に取り組む市民グループである」

　ここでは、ディーネル教授の考案されたプラーヌンクスツェレの特徴を簡単に述べますと、以下のようにまとめることができます。

（１）　解決が必要な、真剣な課題に対して実施する。
（２）　参加者は住民台帳から無作為で抽出する。
（３）　有償で一定期間の参加（４日間が標準）
（４）　中立的独立機関が実施機関となり、プログラムを決定する。

写真1　5人の討議風景

(5)　ひとつのプラーヌンクスツェレは原則25名で構成し、複数開催する。2名の進行役がつく。
(6)　専門家、利害関係者から情報提供を受ける。
(7)　毎回メンバーチェンジしながら、約5人の小グループで、参加者のみが討議を繰り返す。
(8)　「市民答申」という形で報告書を作成し、参加した市民が正式な形で委託者に渡す。

　まず、住民台帳から無作為に抽出された人々から参加者を募ることです。最近の事例では16歳以上の市民を対象にしています。参加者は、これまでの実施例を見ると、性別、職業、年齢などほぼ社会全体を代表しています。これは後に事例の中で詳しく見ていきます。
　参加は有償で、そのため、プラーヌンクスツェレはコストが掛かるといわれています。これが、普及を遅らせた一因とされています。一般に「市民参加」という場

合、市民は無償で参加します。ところが、計画立案は、今日どのような場合ももっとも大切なもので、そのため、常勤の給与を得ている公務員が多くの時間を割き、また、研究所、コンサルタント会社等に発注し、計画を立てています。「市民委員」として「計画立案」する場合も同様であるべきだとディーネル教授は主張しています。金額はその人が通常勤務で支払われる分（主婦等もその労働が金銭換算されます）を支払うとなっていますが、今日多くの事例では一定額の支給になっています。重要なことは、金銭を払うことによって参加者が「責任ある仕事」として取り組むようになることです。

　次に、ひとつのプラーヌンクスツェレは原則25人で構成され、通常まる4日間討議に参加します。その際、委託を受けた中立的実施機関が参加者の検討すべき課題と4日間のプログラムを決定し、実施にあたっては2人の進行役がつきます。一コマ90分の作業時間の間、まず、参加者はいろいろな関係者から情報を得て、その後、5人の小グループで討議し、特定課題に対する意見を形成します。この小グループは毎回メンバー変更します。また、小グループでの討論に進行役は全く関わりません。あくまでも参加者だけの討議による合意形成がプラーヌンクスツェレのコアです。こうした作業を1日4コマ、4日間合計16コマ行い、具体的提言をまとめていきます。その後、全てのプラーヌンクスツェレで出された意見を集約し、「市民答申」として、出版された形でマスコミにも発表され、委託者である行政機関等に提出されます。

# ４ プラーヌンクスツェレの実施状況

　プラーヌンクスツェレは、これまで市町村など身近な問題に多く活用されてきました。都市計画、交通政策、住宅計画、社会政策などその活用分野は広範囲に及びます。また、もっと幅広い分野では、バイエルン州全体で実施された消費者保護政策のガイドライン作り、遺伝子工学の影響、ISDNの導入などで行われています。考案者であるペーター・C・ディーネル教授の著した「プラーヌンクスツェレ」は現在5版を重ねていますが、2002年に発行された最新版の巻末に、プラーヌンクスツェレが実施され「市民答申」が出されたリストが掲載されています。その中には、スペインで実施されたものが5例出ていますが、それを除いた「市民答申」は以下の通りです。

都市計画：
　　ハーゲン、ゾーリンゲン、ゾーリンゲン貯蓄・建設協同組合、レンゲリッヒ、ケルン、ゲフェルスベルク、メイニンゲン、ノルトハウゼン、アポルダ、オスナブリュック、ノイス、ベルリン・ヴェディンク地区、メアブッシュ、メッケンハイム、レーゲンスブルク

交通・エネルギー問題：
　　ユッヘン、連邦科学技術省（将来のエネルギー政策）、バーデン・ヴュルテンベルク州科学技術影響アカデミー（気候に優しいエネルギー）、ハノーバー近郊交通公社イュストラ、レムシャイト（中央駅構想）

環境政策：
　　シュベルム（廃棄物処理）、財団「商品テスト」、バーデ

ン・ヴュルテンベルク州科学技術影響アカデミー（廃棄物処理場の立地）

労働・余暇・麻薬・外国人市民の統合など：
レバークーゼン・政治教育連邦センター、ゾーリンゲン、ブクステフーデ（外国人とドイツ人の共生）、ベルリン・ティアガルテン地区、フランクフルト・オダー、ベルリン・クロイツベルク地区

行政組織：
バーデン・ヴュルテンベルク州科学技術影響アカデミー、ハノーバー、バーデン・ヴュルテンベルク州未来社会委員会2000（ボランティアと社会参加）

消費者保護・保健：
バーテン・ヴュルテンベルク州科学技術影響アカデミー（利用者協議会）、バイエルン州保健・食料・消費者保護省（消費者保護政策ガイドライン）

情報・メディア：
ノルトライン・ヴェストファーレン州政府（ケーブル・パイロットプロジェクト）、連邦科学技術省（新しい情報技術の社会的影響の規制）、連邦郵政省（ISDN）、ウィーン成人学校ヒーチング

科学技術の影響：
バーデン・ヴュルテンベルク州科学技術影響アカデミー（バイオテクノロジー、遺伝子工学）バーデン・ヴュルテンベルク州科学技術影響アカデミー（科学技術影響評価方法）

付記
ドイツでは、公選議会を持つ行政単位は、連邦、州、基礎的な自治体（市町村）の三層制であり、基礎的自治体には、日本のよおうに、市、町、村の明確な区別はない。そのため、このリストには各自治体に「市町村」を付けていない。

第2章　ノイス市の中心市街地活性化

1　ノイス市中心市街地の概況と課題

　ノイス市は、ノルトライン・ヴェストファーレン州の州都デュッセルドルフに隣接する人口約15万の都市です。ノイス郡の郡庁もあり、商業集積の点でもこの地方の中級拠点都市を形成しています。特に、ライン川沿いには、ハムフェルドの工業団地や1835年から次第に発展した産業港などがあります。また、後期ロマン主義建築など歴史的建造物や競馬場もあります。しかし、大都市デュッセルドルフに接し、また、近郊に住宅地が拡大し、近年、市街地での購買力が落ちてきています。また、駐車場が少ないため、近郊の人々は車で郊外のショッピングセンターに行くようになっています。中心市街地では、デパートや旧来の商店がますます競争しています。また、中心市街地には1万1000の人々が住んでいますが、住民と商店やレストランとの考えは違います。このように、中心市街地をめぐる課題は山積していました。

様々な調査が実施される

　1996年に実施された、市街地での8300人のアンケートでは、ノイス市民の大半や隣接するカールストの人々は、ノイスの市街地で消費していますが、隣町のドルマーゲン、グレフェンブロイヒの人々や24歳以下の若者は、市街地であまり買い物はしないという結果が出まし

写真2　中心市街地の路面電車

（ノイス市　Ortwein氏　提供）

た。また、94年から97年に行われた市場調査では、政治、行政、経済界、市民団体、利益団体が参加し、市街地に滞留する魅力を高めること、多様な商店を増やすこと、道路網を再整備すること、交通アクセスの問題などが言及されました。96年の通行人調査では、大半の訪問者は車で来るため、駐車場整備が必要であると指摘されています。

路面電車の問題

さて、ノイスでは中心市街地の路面電車をめぐる論争が30年も続いていました。反対者は、路面電車は市街地を訪れる者にとって危険であり、歩行者天国であるビュッヘルとニーダー通りを邪魔し、市街地の魅力を損ねていると言います。しかし他方、路面電車が市街地に最もアクセスが良く、特に、通勤において最適であるとの意見もありました。96年の歩行者調査では、路面電車線の撤去がノイスにおける最も緊要の課題であるとの結

果が出て、97年の1335人の世論調査でも同様の結果が出ました。そのため市議会は、プロメナーデン通り・ハムトアヴァル・クレフェルト通りに移設する決定を行いましたが、次に述べるように、97年12月14日の住民投票の結果、コスト高を理由に否決されました。

97年の世論調査では、95年と比較して、中心市街地での消費は後退し、雰囲気は悪くなったと回答されています。これまで、市街地整備のために2回のコンペが行われましたが、96年の市街地コンペでは歩行者ゾーンの設置や歴史的建造物を見直すことがいわれ、99年のヘッセントーア・コンペでは港湾部との連結が主張されました。

以上のように、中心市街地の問題は複雑に絡み合い、その課題は十分認識されながらも、長期にわたって解決されない状態でした。

住民投票

住民請求が起こる

前述しましたように、97年、「路面電車線プロムナーデン通り移設反対」の住民請求が提起されました。その請求は法的規定に則って、下記の文面で行われました。

私は、次の問題に関して市民請求することを、署名を添え発議する。
「1997年6月20日、ノイス市議会は路面電車線709をマクドナルドからツォルトアまでバス路線であるプロムナーデン通りに移設することを決定した。建設費用は2700万から3000万マルクが予想されている。この無意味で高価な新しい路面電車線を本当に建設すべきか？（賛成・反対）」
理由：
税金の無駄をなくす。
・路面電車線の移設には2700万から3000万マルクの費用がかかる。州が助

> 成したとしても、この税金は他にもっと活用できる。或いは、節約できる。というのは、公的財政は空であるから。ノイス市は、既に4000万マルクの累積債務を負い、97年前期で既に500万マルク以上の不足が生じている。どこからこうした資金はくるのか？
> 近郊交通の悪化を無くす。
> ・今日既にバス路線は混雑している。それに加えて、路面電車がこの通りを通ることはできない。もし、この通りで駐車違反があったり、路面電車が事故にあったりすれば、ノイス全体のバス交通がダメになる。
> 財源措置提案：
> この市民請求は、新たな出費を全く要求しない。それどころか、高額なプロジェクトをなくすことで税金を節約する。

しかし、市議会はこの請求案を否決しましたので、同案は自動的に住民投票にかけられることになりました。この住民投票は、94年のホテル建設に反対して実施された住民投票に次いで、同市では2番目のものでした。

住民投票の結果

この住民投票は、次のような結果でした。

住民投票の結果

有権者数	11万1642人
投票数	3万1103票（27.86％）
有効投票数	3万1049票
賛成票	2388票（有権者数中2.14％）
反対票	2万8661票（同25.67％）

ノルトライン・ヴェストファーレン州市町村法における住民投票規定では、投票数の過半数で、かつ、全有権者の25％を成立要件としています。この住民投票では、成立要件をかろうじてクリアし、路面電車の移設は市民によって否決されました。この決定は、日本と異なり、法的拘束力を持つものです。

市議会の会派とその見解

　そもそも、移設の議会決定は、議会過半数を占めるCDU（キリスト教民主同盟）が第2党であるSPD（ドイツ社会民主党）と共同で発議し可決されたものでした。従って、議会内では圧倒的多数の可決となりましたが、市民有志と共に、政党的には緑の党を中心に住民請求の署名が集められ、結果、上記の投票で否決されることになりました。

　CDU、市当局は、法定されている住民投票の結果を尊重するという表明を出しましたが、費用のかかる路面電車移設ではなく、市街地前でUターンする案などを模索せざるを得なくなりました。

　SPDは、市街地から路面電車を撤廃する危険を避けるため、次善の策として、移設案でCDUと妥協を図りましたが、市民から直接反対されたため、路面電車は現状維持ということで、当面この問題は取り上げるべきでないという立場を表明しました。

　緑の党は、この住民投票の結果は、長年のCDU市政に対する市民の批判であり、路面電車を市街地に残すべきであるという市民の直接の判断が下されたと評価しました。緑の党は、路面電車は交通手段として最適であると考え、州の同党交通担当も、もし、市街地から撤廃した場合、州からの助成カットもありえると話していました。

　FDP（ドイツ自由民主党）は、市街地から路面電車を撤廃し、バッテリー通りに移設することを主張し、独立系の会派は、市民アンケートで最終的に解決すべきである、と言っています。

　このように、政党の意見はバラバラで、再び路面電車の問題は暗礁に乗り上げてしまいました。

 # プラーヌンクスツェレの実施

プラーヌンクスツェレの実施決定と準備

99年8月20日、市議会は、市民に「市街地の活性化」に取り組んでもらうため、プラーヌンクスツェレの開催を決定し、11月30日、市当局とヴパタール大学との間で契約が行われました。契約書では、プラーヌンクスツェレを通し以下の3点について「市民答申」を出すことが記されています。

①市街地の利用
②市街地への交通アクセス
③市街地形成

市当局は、市街地全体の活性化について市民に討議してもらい、その中で、路面電車の問題についても答申してもらおうと考えたのでした。

そこで、実施機関である同大学市民参加・計画手法研究所では、市当局の協力を得て、中心市街地に関する重要な資料、各種鑑定、反対意見、マスメディアの記事、読者の声などを収集しました。と同時に、政党、行政、商店、他の経済団体、市民団体、利益団体と接しています。12月8日のインフォメーション・イクスビションでは、これら諸団体の代表者にプラーヌンクスツェレのコンセプトや課題を紹介。参加者には質問票に市街地の将来的開発に対する関心事項を記入してもらいました。関心事項は、交通、商工業、市街地での生活圏の3つにまとめられました。

次いで2000年1月18、19、20日、3日間の円卓会議で、これらのテーマに関してそれぞれの利害代表者が参

加して、プラーヌンクスツェレの仕事にとって重要と思われることが議論されました。同時に、プラーヌンクスツェレに情報提供者として出席し、その主張を説明することが要請されました。このようなプロセスを経て、プラーヌンクスツェレのプログラムが決められました。後の述べますように、プラーヌンクスツェレでは、こうした幅広い情報収集と事前準備・活動にとても力を入れています。

参加者

　こうした日程の決定と並行して、参加者の決定が行われました。まず、ノイスの住民台帳から1200人を無作為抽出し、その半分に1月10日、招待状が郵送されました。招待状は、市長とディーネル教授の連名で出されています。そのうち115人が参加を希望しました。次に、更に300人に郵送されましたが、参加希望者が多く、待機者リストを作りました。この間、地元紙においてプラーヌンクスツェレの方法や取り上げる課題について報じられています。8つのプラーヌンクスツェレの最後の2つは、近隣の町であるカールスト、ドルマーゲンの住民から参加者が決定されました。それぞれ300人を抽出し発送したところ、約60名の参加希望者が出ました。

　結果ノイス市民149名と隣接するドルマーゲン、カールストに住む市民45名が8つのプラーヌンクスツェレに参加しました。

　さて、参加者の性別、年齢構成、学歴、職業は、以下のようになっていますが、社会全体を反映する構成になっていることがお分かりいただけるでしょう。この参加者の多様性がプラーヌンクスツェレの大きな特徴です。

男女比率

	参加者（%）	ノイス全体（%）
男　性	52.69%	48.6%
女　性	47.31%	51.4%
合　計	100%	100%

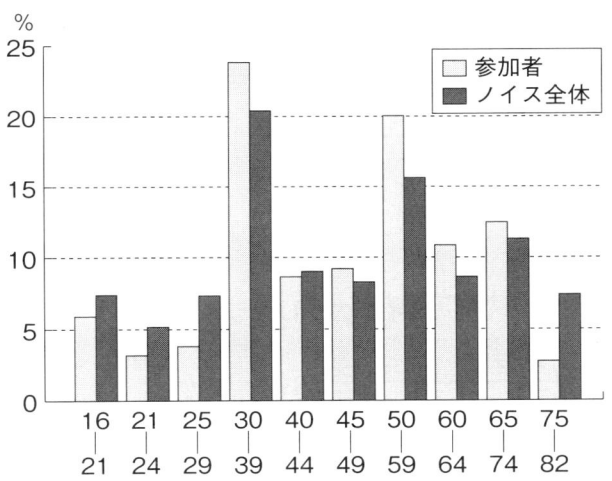

年齢構成

学歴

	参加者	
	実　数	比　率(%)
基　幹　学　校	57	31.15%
実　業　学　校	59	32.24%
ギ　ム　ナ　ジ　ウ　ム	19	10.38%
ギムナジウムの卒業資格	22	12.02%
専門大学・総合大学	26	14.21%
合　　　　　　計	183	100%

職業

	参加者 実数	比率(%)
失業者・再教育中	7	3.83%
勤　務　者	78	42.62%
自　営　業　者	11	6.01%
生　徒・学　生	21	11.48%
公　務　員	10	5.46%
年　金　者	38	20.77%
専　業　主　婦	18	9.84%
合　　　計	183	100.00%

4日間のプログラム

ノイスでもプラーヌンクスツェレの標準モデルに沿って、次のように4日間の日程で実施されました。

ノイスのプログラム

	1日目	2日目	3日目	4日目
8：30～10：00	①ガイダンス ノイスの長所・短所を聞く	⑤中心市街地の交通の運営者	⑨中心市街地の商業、飲食業	⑬都市市場調査と都市形成
10：00～10：30	休憩	休憩	休憩	休憩
10：30～12：00	②ノイスの歴史と特色、将来	⑥中心市街地の路面電車	⑩利用像1 居住：障害者・高齢者	⑭ノイス市街地2010のためのガイドライン作成
12：00～13：00	昼食	昼食	昼食	昼食
13：00～14：30	③都市開発	⑦現地視察	⑪利用像2 女性・子供・家族・若者	⑮中心市街地形成のモデル作り
14：30～15：00	休憩	休憩	休憩	休憩
15：00～16：30	④ノイス市街地の交通とその運営	⑧路面電車路線の案	⑫政治家に聞く	⑯構想の評価と閉会

＊1時間遅れで別のプラーヌンクスツェレが同時開催。

少し詳しくなりますが、後に出された「市民答申」（報告書）に沿ってその内容を紹介します。

1日目の概要

①プラーヌンクスツェレの方法や日程、テーマなどを説明した後、思いつくままにノイスの長所、短所を上げてもらいました。

②近未来の予測も立つように、ノイスの歴史を人口推移、経済動向も踏まえて説明。エバハルト・リニエンタール元市建設計画部部長が、ノイスの歴史を市中心地の誕生など航空写真を使って説明。その際、市の歴史的記念物が市のアイデンティティにとって重要であると強調。経済振興局の統計・都市研究課課長のヴォルフガング・デュッシング氏は、ノイスにおける人口予測について、新住宅地、増減、高齢化、外国人、今後5年間の若干の減少などを説明しました。中ミッテル・ライン商工会議所専務理事のゲオルク・フィッケ氏は、市経済の現況、デュッセルドルフに隣接し交通アクセスも良好なノイスのチャンスを概説しました。小グループでは、ノイスの問題点や将来の課題を克服するための可能性などが討議されました。

③都市計画・建設局の課長アルブレヒト・ヘイヤー氏は、近年の市街地建設の変化や現在行政部内で検討している港湾部Ⅰ、Ⅱの産業立地、中央バス・ステーションの移設などを説明しました。その後、参加者はどの点がまだ検討されていないか、また、プラーヌンクスツェレで検討すべき課題は何かなどを討議しました。

④都市計画・建設局の交通計画課課長フェルディナンド・ビルケ氏は、連鎖的に相互関連する交通網のあり

方について説明。市中心の通過交通量、通勤や中心に近い港湾の問題などを取り上げました。ここでの目的は、交通問題が非常に複雑でセンシティブな問題であることを理解することです。

2日目の概要

⑤異なった交通機関による交通網や交通体系に対する要望について検討しました。路面電車問題のみが大きく取り上げられる中で、バス、自動車、歩行者、自転車の課題なども検討されました。市水道・電気公社の市場調査課のペーター・クライン氏は、バス交通網と他の交通との関係や運行間隔や運行時間の問題を論じました。また、ドイツ自転車協会のヘリベルト・アダムスキー博士とクリストフ・ブラシュケ氏は、交互にその立場からノイスの交通状況について意見を述べました。ノイスの各地点におけるバス、自動車、自転車の交通量変化に言及し自転車道整備を訴えました。

⑥路面電車709がテーマ。ライン鉄道から旅客数、運行時間・間隔や低床電車の導入などの説明があり、同時に、異なった調査報告や97年の住民投票での論点などが情報として与えられました。

⑦現地視察。各小グループは10枚撮りポラロイド・カメラを使用しながら、市街地の魅力、欠陥、路面電車、典型的なもの、商店などを取材しました。また、行政から担当者が同行し、質問のある場合は応えるようにしています。また、同時に現在実施されている都市計画などを説明しました。

⑧クラウス・ヒュプナー氏は、これまでの路面電車線の論争で取り上げられたモデルを20案にまとめ、かつ、7つのタイプに分類しました。それぞれの経費、長

写真3　現地視察の様子

（ノイス市　Ortwein氏　提供）

所・短所、州の交通助成措置について説明しました。小グループでは、参加者はそれぞれの長所・短所について検討し、その結果を全体の中で発表しました。

3日目の概要

⑨経済振興局のキルステン・クリューガー氏、ノイスの洋服店主ハンス・マルスベンダー氏、メガネ技術士でシティ・ミーティング協会会長のミヒャエル・リッタース氏、ノルドライン地方のホテル協会事務局長ライナー・シュペンケ氏、同協会会長のミヒャエル・エルブ氏がそれぞれの立場で街の魅力について考えを述べ、クリューガー女史は、市街地での購買力のデータや商店街の構造などを説明しました。マルスベンダー氏とリッター氏は、市街地における滞留時の質、交通機関、駐車場に関し、また、シュペンケ、エルブ両氏は、料飲業の克服すべき課題を説明。小グループでは、商店、ホテルなどを振興する方法について討論し

ました。

⑩ハイリッヒ・モーレン氏は、住民の立場から、清潔さ、交通機関のアクセス、駐車場、安心感などを語り、ギュンター・ノイベルト氏は、警察の立場から、若者の問題や麻薬犯罪について詳しく説明しました。また、後半は、議会の高齢者担当者やノイス・ライフ・セーフ協会のクリスチャン・フパート氏が高齢者、身障者の立場からの要求を語りました。

⑪議会の女性担当者リタ・ハウ氏、市行政の女性担当者クリステル・ティーセン氏が、男性と異なる、女性の道路の通り方や一日の生活の仕方を説明し、そのために、短かい距離の道路がある街づくりを薦め、また、児童保護協会のモニカ・リーブッヒ、エリザベート女史・ミシェル女史、カイ・ランゲネックハルト女史が、それぞれ児童、家族から見た市街地での必要事項について語りました。

⑫政治家との対話では、新しい情報を得るというのではなく、同じ目の高さで市民と議会各派の代表が討論することが目的でした。ここでは、同日に催されている2つのプラーヌンクスツェレが一緒に行いました。

4日目の概要

⑬広聴広報課長のハンス・ミーツェン氏あるいは経済振興局の経済振興課長のラルフ・ドュメック氏は、ノイス市の市場調査の考えやその目標を説明。カリン・ボーベンハウゼン氏は、市街地の競争や市街地整備の基本、滞留するための質の向上などを話しました。小グループでは、ショッピング、余暇利用、居住、交通の質の向上について討論されました。最適な路面電車線の設定を考慮しながら、これらの諸点を整理しまし

た。
⑭〜⑮ 同じ小グループで、グループごとの提言をまとめ、モデルとして提示する作業を行いました。
⑯各グループのモデルの発表。その後、それぞれの参加者が１、２位のモデルを選びました。その後、プラーヌンクスツェレに関するアンケート調査を行っています。

　以上、４日間の様子を見てきましたが、まず、情報の豊富さ、多彩さが目立ちます。30人を超える人々から、様々な情報が提供されています。このように、プラーヌンクスツェレでは情報を受けながら毎回、小グループでメンバーを変えながら議論を積み重ねていくのです。参加した市民は、「仕事」として真剣に課題に取り組んでいきます。

「市民答申」提出

　プラーヌンクスツェレの実施後、その結果は「市民答申」として報告書にまとめられます。しかし、その前に、全てのプラーヌンクスツェレから17名の代表者が実施機関のまとめた原案に目を通し、作成者と討論し、チェックしました。こうして修正を加え、17名全員の賛成を得て報告書は完成し、５月30日に市長に手渡しました。194名の参加者は、「市民答申」として、以下のように具体的提言を行なっています。

提言1
・中心市街地は将来的にまずもってショッピングを重視すべきであり、そのためには、もっと幅広い専門店を持つべきである。
・しかし、将来的には余暇を過ごす空間の意味も持つ。そのため、市街地（特にミュンスター・プラッツ、フライトホーフなどで）でのオープン・カフェや野

外レストランを勧める

提言2
- そのための市街地の基本的条件として、90％の参加者は、市民が滞在するための質の向上を上げている。そこで、約75％の参加者は路面電車の路線を主要道路から撤去し、クレフェルト通りと北のオーバー通りの間を歩行者天国にすることで、路面電車で問題と感じられる課題を避けることができると回答している。

提言3
- クレフェルト通りからバス路線も撤去すれば、歩行者天国に連結され、かつ、市街地形成での魅力も増す。
- 他の道路も歩行者天国にすることで補完される。横道も歩行者天国にすれば、そこに緑地帯やベンチを置くことができる。

提言4
- セバスチャン通り・グロックハマーで車両通行は、約80％の参加者が否定した。これからも通行止めにすべきである。
- マルクトは、個人車両を締め出して、市場として活用すべきである。

提言5
- 自転車道の整備により、自転車は市街地の発展にもっと大きな意味を持つ。
- 交通量の多いニーダー通りとビュッヘルは例外として、歩行者天国でも自転車乗り入れは認められるべきである。

提言6
- 市街地のバス路線は今日のプロメナーデン通り・ハムトアヴァールと他にアドルフ・フレッケン通りの2路線にすべきである。
- 33％の参加者は、路面電車線撤去後、テオドア・ホイス・プラッツにバス・ステーションを移設できると考える。

提言7
- 更に市街地から個人車両を締め出すことで、周辺部にもっと駐車場を作る必要が生じる。
- ブリュック通りにある今日のバス・ステーションの地下駐車場のほか、シャトルバスで市街地と結ばれた外の駐車場が提案された。

提言8
- 特に市街地のために、首尾一貫した市街地建設、ベンチなどの設置、安全性の向上、清潔などを提案する。

提言9
- 路面電車709は市街地に残る。
- 709は、ゾルハウスまでで終わるか、郡庁で戻るようにする。63％の参加者は、アム・ケールテュルム通りを行き、オイロッパダムに沿って、デュッセルドルフの方向へシュトレーゼマン・アレーを戻ってくることを勧めている。現在の

> 港の岸壁のひとつにまで持ってくることもできる。23%は、バッテリー通り・コーリング通り・中央駅のルートを、7.5%は現状維持、5%は、オーバー通りからバッテリー通りへ、2.5%は、バッテリー通りからハーフェン通りのルートを支持している。

 プラーヌンクスツェレに対する政党の意見

　ノイス市議会は、当時（99年選挙後）58議席中、CDUが33議席、SPDが15議席、FDPが3議席、連帯90・緑の党が3議席、独立系が3議席、PDS（民主社会党）が1議席を占めていました。同市でのプラーヌンクスツェレに関する政党・会派の論争について、地元の新聞報道によると、以下のようでした。

実施決定時

　ヘルベルト・ナップ市長が、長年の懸案となっている路面電車の問題をプラーヌンクスツェレの活用で解決したい、その実施において、市行政は干渉を全くしない、すべて、ヴパタール大学市民参加・計画手法研究所に委ねると表明しました。CDUも計画段階の早期の住民参加を歓迎する（NGZ　13.07.99）と言いましたが、ハイツ・ギュンター・ヒューシュ氏によれば、決定権は議会にあり、それはあくまでも実験であると主張しています。同党の中では、市民参加に懐疑的な声がありました。

　第2党のSPDは、プラーヌンクスツェレについて基本的には賛成しています。しかし、テーマの決め方について反対であったため、路面電車の問題も課題とした市当局提案の「ノイス市街地2010」でのプラーヌンクス

ツェレの活用には、反対という立場を取りました。市街地の問題は、多くの地区問題のひとつで、そのため、「生き生きとした市区域」というテーマでプラーヌンクスツェレを実施すべきである、と主張し（WZ21.08.99）、議決では反対にまわりました。

連帯90・緑の党同市党首ミヒャエル・クリンキヒト氏は、プラーヌンクスツェレがより広い市民参加を促進することについて基本的に支持するが、路面電車の問題は住民投票で明確に否決されているので、これと結びついた形のテーマの組み立て方に反対すると述べています。「公共交通と個人交通の葛藤」などについて実施すべきであると主張（NGZ25.11、99）。97年の住民投票の時に棄権を呼びかけ、今回は市民参加をいう市当局、CDUの姿勢は、大衆迎合主義であると批判（NGZ 20．07.99）しています。議決では棄権しました。

独立系・PDSは、プラーヌンクスツェレはコストがかかりすぎ、かつ、複雑すぎる。この路面電車の問題に何年も取り組んできているが、4日間で解決できるのか疑問であると、議決では棄権しました。FDPも棄権しました。

「市民答申」の内容について

市長は、参加者が地方政治の難しさや課題の複雑さを理解してくれたことは良かった。こうした提言に反対する市民請求・投票は起きないだろう。ホルテンでUターンする案は考えなかったし、また、バス路線をアドルフ・フレッケン通りに持ってくる案も評価できる。この提言に沿って議論していきたい（NGZ01.06.00）と結果に満足しています。

CDUは、答申は、現実的、実現可能である。特に、

市街地から路面電車を撤去することに賛成。ただ、これはあくまでも実験的提言であって、あくまでも市議会が議論して主体的に決定すると主張しました。
　SPDは、CDUが"美味いとこ取り"することを警戒する。市当局が提言全体を尊重することを監視する。ただ、路面電車の撤去については、全市民を対象にした市民アンケート（投票）で決定すべきである主張しました。
　連帯90・緑の党は、全体的コンセプトは尊重するが、それぞれの案件については吟味したい、と当初否定的な考えを表明していました。しかし、その後、市民答申の結果を尊重すると、現状の路面電車維持から政策転換しました。独立系・PDSは、ホルテンでのUターンは唯一理性的な解決策であり、提言を歓迎する旨を述べています。
　SPD、緑の党は市街地での路面電車の保持を主張してきましたが、市民の意思と反していたことが判明しました。CDUはマルクト・プラッツでの自動車通行に反対してきましたが、「市民答申」で否定されました。SPDの路面電車撤去に関する市民アンケート実施案に対し、参加した市民は「市民答申」の軽視であると反発しました。無作為で選ばれ、5日間情報を得ながら真剣に討議してきた参加者は、もはやサイレントではなく、アクティブな「市民」になっています。

❺ 「市民答申」の実現状況

　2001年には、ノイス市のプラーヌンクスツェレのプロジェクトは、ドイツ全体に範を示したとして、コンラ

ート・アデナウアー賞の自治体政策部門で銅賞を授与されました。プラーヌンクスツェレによる「市民答申」は、ノイスの市街地活性化に着実に影響を与え実現しているようです。以下、市当局の担当者であったオルトバイン氏は、筆者に次のように報告しています。

　かつてのデパート"ホルテン・ハウス"は、ライン州立劇場、シネコン、郡庁、レストラン、商店が入居する多機能施設になっています。セバスチャン通りから"ブラブラと楽しめる一角"が広がっています。マルクトから自動車は締め出され、かつての兵器庫の階段の前には噴水場ができ、マルクトは新しい人気スポットに変わりました。旧兵器庫と市役所前のマルクト・プラッツには、天気の良い日には、ビール・ガーデン、喫茶、アイス喫茶などができ、人で賑わっています。

　ミュンスター広場では、2004年からクリスマス市が立ち、また、年間を通じて様々な催しが開かれています。フォクタイガッセに続いてシュティフツガッセも敷石が新しくなり、「市民答申」を受けたすぐ後、市議会はハムトア・プラッツの通り整備計画を可決し、この一体の緑地化を進めました。

　ライン川のある港湾も「市民答申」では言及されましたが、議会では、港湾部Ⅰは、事務・サービス業のセンターにすることを決定しました。新しい事務所用建物が"水位計横のハウス"として建設されました。港湾部Ⅰの上に歩行者用の橋も建てられ、市街地と結ばれる予定です。シネコンの北側には、「市民答申」で提言されたように、港近くに余暇を楽しむことができるようにされています。

　旧バス・ステーションは、市街地の中核部としてここ

数年間、整備されていきます。その前に考古学調査が行なわれますが、新しいバス路線もでき、39台の駐車場も新たにでき、合計200を越す無料駐車場が整備されました。また、ノイス中央駅には590台分の駐輪場ができています。
　市議会は、中心市街地の歴史的町並整備を決定しました。この法的拘束力を持つ条例は、織物機械や市街地のファサードに価値を与えることができます。市の子会社により、マリーエン教会地区の整備が行なわれています。マンション、賃貸物件、バリアフリーの住居など300人の居住が計画されています。
　路面電車について、プラーヌンクスツェレの参加者の75％は、現在の通りから撤去することに賛成し、様々な解決案を提示しました。市当局もそれに沿い色々な工夫を考えていますが、そのようなプロジェクトは補助金に依存するので、まだ、実現していません。

　以上の報告を見ると、懸案であった路面電車の路線撤去の問題は解決していませんが、中心市街地の魅力を高めるための多くの努力が「市民答申」に沿って実現しているようです。現在も市長をされている同市のヘルベルト・ナップ氏は、数年前、再度プラーヌンクスツェレの参加者全てに個人的に感謝の念を表しています。一般市民に政策形成の可能性を与える道を開いたプラーヌンクスツェレを高く評価しています。

第3章　レンゲリッヒ市の工場跡地再開発

　レンゲリッヒは、ミュンスター市の北東に位置し、人口約2万3千人、面積約91,2km^{2}の市です。ドイツ最大の州であるノルトライン・ヴェストファーレン州の北東の端で、ここからすぐのところにニーダーザクセン州のオスナーブリュック市があります。人口は少ないのですが、それでも近くにアウトバーンA1が通り、14キロのところに地方空港ミュンスター・オスナーブリュック空港があります。ここで、1997年と99年の2回プラーヌンクスツェレが実施されましたので、次は、このレンゲリッヒの事例を紹介します。

写真4　レンゲリッヒの工場跡地"ゲンプト"

（lengerich 2047　より）

① 第1回プラーヌンクスツェレの課題と実施前の準備

　レンゲリッヒの街の中心に4haの工場跡地"ゲンプト"がありました。ここは歩行者ゾーンにも直接繋がり、まさに街の中心にあり市の発展にとってかけがえのない土地でした。しかも、当時ひとつの家族が所有者でしたから、取得のための交渉が容易にできたのです。そこで、1996年、市はこの工場跡地を取得し、その再開発計画をコンペで行なうことになりましたが、その優先条件、ガイドラインを策定するために、1997年、第1回のプラーヌンクスツェレが実施されることになりました。

　そのコンペの前に、中心市街地の重要部分に関する新計画を市民に説明するため、4回にわたる専門家の講演会を開催しました。その後、"ゲンプト"工場跡地で鉄道マニアのための公開日を設け、3、4000人の一般市民が参加しました。また、市は、様々な住民団体や利害関係者とのポジティブな対話を重ねています。こうした"相互交流的"準備のまとめとして、プラーヌンクスツェレが実施されています。実施前には、ディーネル教授を招いての説明会が行なわれ、また、テレビニュースや新聞で報道され、市民に周知されました。そして、同年3月3日から4月17日かけて6つのプラーヌンクスツェレが実施されました。

② 参加者

　６つのプラーヌンクスツェレのうち、５つはレンゲリッヒ市民を対象に行ないましたが、１つは隣町のテクレンブルクの住民が対象でした。というのは、テクレンブルクの多くの住民はレンゲリッヒで買い物をしたり、働いたりしているからです、また、プールなども共有しています。そのため、その住民の意見も参考にするため、ひとつのプラーヌンクスツェレをそれに当てました。

　両自治体の住民台帳から16歳以上の住民を無作為に抽出して、レンゲリッヒの市長名で招待状を送付しています。実施機関のシティコンのメンバーがある期間、市役所の電話等で招待状を受けた市民の相談、質問に応じました。

　参加者は、参加に対して一定のお金が支払われます。勤労者には４日間の所得分が原則として支払われますが、中には、参加できない人々も出てきます。その理由は高齢、病気、海外に滞在、時期が困難など様々でしたが、それでも、社会全体を反映する多様な市民が参加しています。まず、職業分野では下図のようになります。その職種は72に及んでいます。年齢を見ても16歳から77歳の参加者があり、下図のように、レンゲリッヒ市民との対応を見ることが出来ます。男女比率は、女性45.5％、男性54.5％で、市全体との比較では、女性が5.2％多い結果になっています。

●まちづくりと新しい市民参加──ドイツのプラーヌンクスツェレの手法─

参加者の職業分野

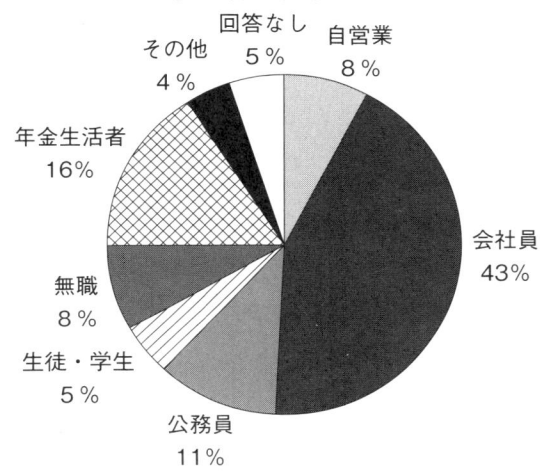

- 自営業 8%
- 会社員 43%
- 公務員 11%
- 生徒・学生 5%
- 無職 8%
- 年金生活者 16%
- その他 4%
- 回答なし 5%

年齢構成

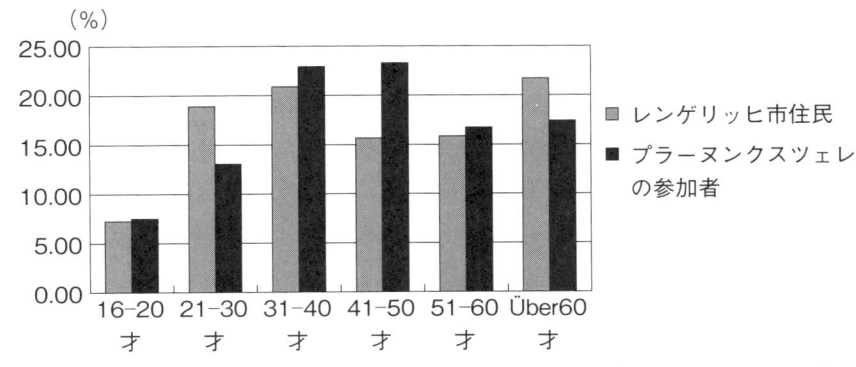

年齢	レンゲリッヒ市住民	プラーヌンクスツェレの参加者
16–20才	7.00	7.50
21–30才	19.00	13.00
31–40才	21.00	23.00
41–50才	16.00	23.50
51–60才	16.00	17.00
Über60才	22.00	17.50

(lengerich 2047　より)

③ プラーヌンクスツェレのプログラム

豊富で多面的情報提供

　レンゲリッヒでのプログラムも下表のように4日間です。ここでも、多くの専門家、利害関係者からの豊富な

情報提供が目を引きます。「市民答申」の報告書によれば、外部専門家が12人、レンゲリッヒの住民団体、利害関係者から11人、市当局から担当官が6人、協力者として上げられています。全てが情報提供者というわけではありませんが、別の角度から見ますと、外部専門家は7コマで、利害関係者は4コマで、また、市当局、議員からの情報提供はそれぞれ1コマずつ、情報提供を行なっています。加えて、1コマは、現地視察に当てられています。2万3千人という比較的小規模の自治体で、工場跡地のある市街地は市民にとって日常の生活空間ですが、それでも、これほど豊富で多面的な情報提供が行なわれていることは注目すべきでしょう。

レンゲリッヒのプログラム

	月曜日	火曜日	水曜日	木曜日
Ⅰ	①オリエンテーション	⑤市の都市開発計画	⑨文化	⑬クロペンブルクの開発計画を検証
休憩				
Ⅱ	②未来を考える	⑥現地視察	⑩住宅	⑭プラン策定
昼食				
Ⅲ	③交通	⑦3案を検討	⑪住民団体"オッフェンシブ・レンゲリッヒ"	⑮プラン策定と発表
休憩				
Ⅳ	④住居	⑧商店	⑫政治家から意見聴取	⑯閉会

＊8：00始まりのプラーヌンクスツェレと8：30始まりのプラーヌンクスツェレの2つ開催
＊1コマ90分で休憩は30分、昼食は1時間

●まちづくりと新しい市民参加―ドイツのプラーヌンクスツェレの手法―

42

この報告書では、各コマの情報提供や課題は全てが明記されているわけではありませんが、第1段階は①から⑬で、参加者に様々な情報を提供し、いろいろな側面を考えてもらうことに重きを置いています。そして、第2段階は⑬から⑮で、参加者による計画策定となっています。(⑬から計画策定が始まっています)

1日目は50年後を展望して

　1コマ目は、プラーヌンクスツェレについて参加者に説明し、また、レンゲリッヒならびに中心市街地に現在どのような印象を持っているか聞いています。2コマ目では、"50年後のレンゲリッヒ"を展望するということで、グロバリゼーション、ローカル・アジェンダなどからレンゲリッヒの将来を考えています。その結果、教育、雇用、家族等に悪い影響が出るだろうと多くの市民（159ポイント）が回答しています。その反面、企業は大規模なコミュニケーション技術に支えられ発展し、他方、環境意識も高まる、など肯定的見通し（83ポイント）も示しています。3コマ目の交通問題でも、自転車、徒歩での移動が増加していること、近郊電車・バスなどの公共交通を将来もっと使うだろうと、高齢社会を前提した討議が行なわれました。4コマ目の住宅問題も、こうした将来的展望から検討されました。つまり、1日目では、現状からではなく、50年後を展望しながら考えるという内容です。都市計画を考える場合、こうした長期的展望をまず持つことが大切だからでしょう。

現地視察など具体的検討

　2日目からは、ぐっと現実的になってきます。5コマ目では、市当局の都市計画担当者が開発計画や工場跡地

"ゲンプト"の意義を説明した後、6コマ目で、同地の視察を行なっています。まず、参加者はその広さに驚き、また、30年間放置されたため建物がほとんど修復不能の状態にあることを確認しています。視察後、その感想を述べ合うとともに、跡地利用について、住民団体が示している3つの案を聞き討議を重ねました。多くの参加者は、残せる建物は、かつて鋳物工場でその後倉庫として使われていたW&Hホールであると意見が一致しています。また、歴史的建造物として、州の歴史的建造物に指定されている保水塔、ミュンスター通り19番の旧司祭館の修復活用が語られています。8コマ目では商店街の団体からの意見をもとに商店について討議されました。

町には文化が必要

　3日目の最初は文化がテーマで、エンジニアのピーパー氏は、「古い建物のない町は、記憶のない、アイデンティティを喪失した人間と同じで、未来をつくることが出来ない」と工場跡地"ゲンプト"の文化的意義を強調しました。このことは、2日目の午後、つまり、現地視察を終えた後、多くの市民が既に共有していた意見と同じでした。また、ある住民団体は、跡地に"公正の家"を作るべきだと主張しました。これは約60％の参加者が"とても良い"と評価をしました。どちらにせよ、多くの市民は、レンゲリッヒに文化的要素がもっと必要であると判断しました。しかし、他方、財政的ゆとりのない現状を考慮し、市民は、その運営についての可能性（例えば、利用者料金、運営協会、財団、慈善興業など）を討議しています。10コマ目は、再び住宅問題についての討議ですが、ここでは、工場跡地での住宅建設に焦

点を当てて討議しました。その次に、商店街との関係を議論しています。そして、3日目の最後は、通常のプラーヌンクスツェレにあるように、議会の会派の議員から意見を聞いています。

5人の小グループで開発計画を立てる

　最終日で興味深いことは、参加者がコンペのための優先条件・ガイドラインを策定するに当たって、他市（クロペンブルク）で似たようなプロジェクトが失敗した事例をまず学んだということです。これは、レンゲリッヒでプラーヌンクスツェレが開始される直前の2月、他市で進めていた工場跡地の再開発プロジェクトが頓挫しました。その事例を学ぶことで、これまで情報を得ながら形成してきた考えをもう一度検証し、最後のグループ作業に入りました。このように13コマ目では、事例から学べる良い点、悪い点を互いに討議したわけです。それ

写真5　参加者の作成した模型

（lengerich 2047. より）

に引き続き、14、15コマでは、5人の小グループで、レンゲリッヒの工場跡地の再開発計画とガイドラインを策定していきました。その際、写真のような模型を使って構想していきました。

④ 「市民答申」の内容

　既に述べましたように、4日間のプラーヌンクスツェレにおいて大切なのは、最終日、5人の小グループで討議しながら、再開発案を作り、コンペのためのガイドラインを策定することです。模型を使いながら、5人が納得できる開発案を考え、そのキーワードを書き留めていきます。そして、ガイドラインもキーワードでまとめます。また、その時の発言もメモしています。こうして出された各グループの意見は、30案全て「報告書」に明記されています。

　最終的に、再開発で最も考慮すべき点やコンペにおけるガイドラインについて、参加者が各自10票ずつ持ち、投票を行ないました。レンゲリッヒの住民が行なった結果は、以下の通りです。(10票投票しない参加者もいますので、合計は異なっています)

　また、各グループが作成した模型から、例えば、ホールの活用案、住宅の位置と形等をマトリクスとして表示し、全体の傾向を判断しました。こうして、最終的に、レンゲリッヒ市民が参加した5つのプラーヌンクスツェレの結果を中心に、テクレンブルク住民のプラーヌンクスツェレを参考にしながら、「市民答申」が策定されました。その結果、以下のような「市民答申」が出されま

"建築家が尊重すべきガイドラインで最も重要なものは何でしょうか？"

最も重要な策	ポイント	％
産業の歴史を守る、鋳物工場の活用	242	26.1
遊び場を含め、緑地の確保	183	19.7
静寂な交通環境、地下駐車場	163	17.6
異なった世代のための環境に配慮した２、３階までの住宅建設	135	14.5
魅力的な中心、レストラン、交流センターなど	127	13.7
（中　略）		
計	928	100

＊各項目にひとりが複数ポイント投票できるので、各項目に何人の人が投票したかは不明ですが、第１項目は243ポイントを得、110名の参加者のうち、ほとんど人が賛成したと推測されます。

"あなたが計画されたなかで考慮すべきものとして最も重要なことは何でしょうか？"

最も重要な点	ポイント	％
Ｗ＆Ｈホール、ミュンスター通り19番、保水塔の保全と文化センターとしての活用	108	10.2
緑、憩い、遊びの空間を連結すること、職場と住居を緑地で分離	93	8.7
２、３階建で、間の空いた建て方	86	8.1
地下駐車場	65	6.1
交通が少ないこと、居住者だけ通行可、駐車は外に	62	5.8
バーンホフ通り、ミュンスター通り、市役所広場との通りを統合	58	5.4
文化ホール、市ホール、産業博物館など	49	4.6
専門小売店、サービス業	46	4.3
（中略）		
計	1064	100

＊参加者はひとり10ポイントを投票。投票方法は前表と同じ。

した。

私たち市民が望むこと
1、W＆Hホール、塔、ミュンスター通り19の歴史的建造物は修復保全すること
2、市街地のホース上になった歩行者道を解決すること
3、専門小売店とレストラン
4、体系的に整った道路整備
5、かつての転車台の場所を中央広場にすること
6、可能な限り自動車のない空間作り
7、地下駐車場
8、多くの通りと結ばれること
9、市役所広場の通行止め
10、通過交通をなくすこと、敷地の外側を開放すること
11、緑を増やすことと遊び場の設置
12、産業遺物の保全
13、エコロジカルな観点を大切にすること
14、住宅は3階建まで
15、この地方（ミュンスターランド）の伝統的建築方法を尊重すること
16、周りの建物と調和すること

私たち市民が拒むもの
1、大型の販売店（家具センターなど）の誘致
2、大規模な路面駐車場
3、高い建物
4、兵営のような建物
5、大投資家のための単一計画

❺ 「市民答申」を受けて

実現する「市民答申」

　以上の「市民答申」を受け、コンペが実施され、その建設は10年近く経った今日でも続いています。しかし、メインの建物であるホールは完成し、ノルトライン・ヴェストファーレン州の建築賞を受賞しました。また、その横に建つ保水塔やミュンスター通り19番の歴史的建物など歴史的シンボルも修復されています。住宅は、市民が考えたように一戸建か2、3階の低層住宅です。老人ホームも作られ、ギリシャからの保健関連の会社が入居する予定です。このように、異なった世代の共生やサービス産業の立地という市民の願いが叶った形で開発は進んでいます。

写真6　ホールと保水塔

答申を尊重し、建築家が知恵を出す

　市民ホールは多目的ホールで、一階がホールで2階にレストランがあり、その半階上にいくつかのセミナールームがあります。「市民答申」を受けて建築家もいろいろ知恵を出しました。もともとはミュンスター通り19の歴史的建物にレストランを持ってくるというアイディアでしたが、ホールと離れているので実用的でない、また、ホールを活用するにしても昼夜フルで使用できるにはどうしたら良いのか、「市民答申」案のままであれば、市は財政的に負担できない、などの問題も出てきました。そこで、建築家が、ホール内を分けて、2階部分にレストランとセミナールームを作ることにしました。

市民自身がホールを運営

　興味深いのは、このホールの運営です。プラーヌンクスツェレでも、参加した市民は逼迫した市財政に理解を示していましたが、運営は、"市民財団"が担っています。ひとり500ユーロ（約7万円）出資するのですが、公募初日で156人の申し込みがありました。これは、同様の形態としてドイツで最大の財団であったといいます。公募した市民の中にはプラーヌンクスツェレに参加した市民も多く含まれていました。市が家賃負担、設備投資をし、運営を財団がしています。周りの住民も多く財団に参加しているため、例えば、ホールで若者向けのイベントがあるときなど、通常であれば、周囲から苦情があるところ、周辺住民が財団のメンバーですから、逆にその成功を喜んでいると、インタヴューした市職員の方が応えています。

⑥ 2回目のプラーヌンクスツェレ

　レンゲルッヒでは、1999年5月に第2回のプラーヌンクスツェレを実施しています。これは、通常と異なり2日間のものでした。数多く実施されているプラーヌンクスツェレですが、2日間の実施はほとんどなく、非常に例外的なものです。これはまとまった休みが取りにくい日本の参考になると思いますので、その様子を簡単に報告します。

事前にワークショップを開催
　テーマは、「市の中心市街地の歩行者ゾーンをどのようにするか」ということでした。つまり、歩行者ゾーンの地下に埋設されたガスラインを新しく敷設し直すことに伴って、懸案であった中心市街地の魅力をいかに高めるかが問われました。この課題は、既に第1回のプラーヌンクスツェレでも多くの市民が指摘していたことでした。

　第2回目は2日間のみで、その前に、市街地の住民や商店の組織など利害関係者のワークショップが開催されました。

　商店街の広告組合と住民団体"オッフェンシブ・レンゲリッヒ"のメンバーと市街地に住む住民が、土曜日の13：30から18：00までワークショップを開きました。最初に、市街地の現況で何が足りないか、次に、市街地に関する将来の可能性（夢）をそれぞれ付箋に書き、模造紙に張り出します。これは、"未来ワークショップ"の手法です。その後、小さなグループに分かれ、近い将

来実現可能な案を討議し、全体会でグループの案を報告し議論をしました。ここで出された案を無作為抽出の市民によるプラーヌンクスツェレで議論の素材として報告しました。

2日間のプラーヌンクスツェレ

プラーヌンクスツェレに参加したのは52名で、2つのプラーヌンクスツェレが実施されました。そのプログラムの概要は、以下の通りです。

5月28日（金）		5月29日（土）	
8：00〜9：00	①オリエンテーションと参加者の最初の意見表明	8：00〜9：30	⑦飲食業について
休憩（15分）		休憩（30分）	
9：15〜10：15	②大綱的条件	10：00〜11：30	⑧市街地形成に関する諸案と費用の概算 市街地形成の案作りⅠ
休憩（15分）			
10：30〜11：30	③市役所広場のコンセプト		
昼食（60分）		昼食（60分）	
12：30〜14：00	④現地視察	12：30〜14：00	⑨市街地形成の案作りⅡ
休憩（30分）		休憩（30分）	
14：30〜16：00	⑤利害関係者のワークショックの結果	14：30〜	⑩最終評価（振返り）
		15：30〜16：00	⑪議会、行政、マスコミとの懇談

＊2つ目のプラーヌンクスツェレは1時間遅れで開催。

「市民答申」と実現状況

「市民答申」では、多くの提言や参考意見が出されて

いますが、その一部を列挙してみます。

①２階建ての飲食パビリオンは、HL広場には相応しくない。市役所前広場などを検討すべきである。
②コンクリートで出来た花壇は除去すべきである。
③緑を増やすこと。
④自転車置き場、子供用遊戯器具の設置、街灯を弓形に変えること、ベンチの設置。
⑤道路の敷石は、ガスラインを敷設する際、丁寧に剥がし、その後再利用すること。もし、可能であれば、歩行者ゾーン全体の敷石を統一すること。

　私が昨年末同市を訪れた時、プロジェクトを進めたトリュッケント氏は、市街地に設置されたベンチ、遊戯器具、敷石などを示しながら、多くの提言が実現しているとことを示してくれました。

第4章 プラーヌンクスツェレの実施上のポイントとその意義

　これまで、ドイツの2つの自治体で実施されたプラーヌンクスツェレについて述べてきました。この事例に基づき、プラーヌンクスツェレを実施するにあたって大切なことをもう一度振り返りたいと思います。そして、プラーヌンクスツェレの意義はどこにあるのかを考えてみます。

1 実施上のポイント

プラーヌンクスツェレを実施する前提として、法律的根拠は？

　プラーヌンクスツェレを実施する場合、その前提になる法律や条例がまず問題になります。結論から言えば、特定の条例や法律があるわけではありません。「市民答申」は、あくまでも行政などから委託を受け実施する諮問的役割を果たすのみです。決定権は議会、行政にあります。もちろん、日本の自治体で行政が諮問的委員会を設置する場合、設置規則等を定めますが、これは行政内部の行為として実施することが前提です。しかし、プラーヌンクスツェレは、実施機関が委託機関とは関係のない独立した中立機関ですから、そことの委託契約の形を取ります。コンサルティング会社などに世論調査やワークショップなどを委託する形式と外形的には同様です。ただ、予算措置を取りますので、通常は、議会の承認が

必要になります。ただ、こうした住民参加を促す法的な背景は、いくつか指摘することができます。

　２つの事例は、主に都市計画に関係するものでした。ドイツの都市計画は、計画段階での住民参加が厳しく定められていることで知られています。1987年に施行された建設法典の第３条で住民参加を定め、住民に複数の案を示し、その内容、目的を説明し、関連公共機関や隣接自治体からの意見聴取、住民等から出された懸案・提案について行政は検討し回答すること等が義務付けられています。とりわけ、地区詳細計画（B-プラン）は、ある地区の開発を規定する、法的拘束力を持つ条例で、デザイン、棟方向、屋根の傾斜、屋根材、窓の形なども決めることができます。ここでは、関係者の利害調整や住民の公聴会は必須のものです。ドイツでは「計画高権」と呼ばれ、拘束性のある都市計画の権限は市町村にあるとされています。

　こうした住民参加の規定は、建設法典など都市計画関連法だけではなく、他の個別法にも規定されていますが、憲法に当たるドイツ基本法の28条では市町村の全ての関心事を独自の責任で遂行できることが明記されています。

住民投票制度の影響

　既に述べましたように、こうした住民参加をより決定付けたものは、90年以降ドイツの各州で制定された市町村法改正による住民投票の法制化です。取り上げた２つの事例はたまたまノルトライン・ヴェストファーレン州の市町村でしたが、同州の市町村法（Gemeideordnung）は、94年の改正で26条に「住民投票制度」の規定が加わりました。

最終的に市民が決定権を持つ住民投票制度の法制化は、実質的市民参加を促す上で決定的であったと思います。つまり、「アリバイを作るための市民参加」「隠れ蓑としての審議会・委員会」では、もはや市民は納得しないからです。その後、プラーヌンクスツェレはじめ様々な市民参加の方法が、それこそ百花繚乱のように盛んに実施され、"あたかも市場で商品が競うような"状況になったといわれています。その中で、"プラーヌンクスツェレは高く評価されるようになりました。

中立的実施機関と契約

　プラーヌンクスツェレの実施にあたって、2つの事例では、行政が議会の決定を経てディーネル教授の関係する機関と委託契約をして実施しています。この他、ハノーバーの公共交通公社ユストラや貯蓄・建設協同組合など事業体が委託者になる場合もあります。議会が委託者になったことは、私の知る限りではありません。

　実施機関は、委託機関と異なった中立機関で、両者間で契約を結び、課題などを明記します。また、「市民答申」の出版（公開）を義務付けていることも大切なことです。こうした「透明性」が"公平性"を担保することになるからです。また、ある一定期間後（例えば、1年後）、「市民答申」の実現状況や実現できない時の理由などを回答することを契約に明記することも多くなっています。これは、委託者による、市民に対する誠実なレスポンスを義務付ける上でとても重要です。こうしたことが事前に委託者と実施機関で合意される必要があります。

無作為で抽出された市民に招待状

　参加者を募るために、まず、住民台帳から無作為に抽出された人々のリストを作ります。ドイツでは招待状を送られた住民のうち10％内外が実際参加しています。そこで例えば、4つのプラーヌンクスツェレを実施する場合、100名の参加者を予定しますので、その10倍1000名の住民リストが基本的には必要になりますが、その倍を念のためにリストアップするようです。そして、第1弾として、仮に800名の人に送り参加希望者をまず決定し、足りない分を第2弾として発送します。急に参加できない人が必ず出てきますので、若干多めに決定し、或いは、待機者としてお願いすることもあります。こうして、必要な参加者数を確保するのです。ただ、25名ぴったりである必要はありません。数名のズレはよくあります。

　さて、招待状は、通常、委託者と実施機関の責任者の連名で送られます。そこには、取り上げるテーマ、予定されている実施期間、有償である事等が明記されています。また、質問を受け付けるために、市役所等に特別な電話を置き、様々な疑問に応えるようにしています。場合によっては、直接訪問し実施機関のメンバーが説明することもあります。ただ、ドイツでは、招待状の発送以前に地元マスコミや自治体の広報を通して、多くの住民が既にプラーヌンクスツェレの実施について知っています。こうした環境作りも大切なことです。

事前ワークショップ、説明会と広報活動

　プログラムを作るうえで大切なことは、公平な情報を集め、プラーヌンクスツェレにおいて説明する人を確保することです。今日、プラーヌンクスツェレを実施する

前に、利害関係者や住民団体などを招いて円卓会議やワークショップを開催することが一般的になっています。

また、ドイツでよく実施されている未来ワークショップを事前に実施する場合もあります。レンゲリッヒの第２回目では、土曜日の半日だけでしたが、プラーヌンクスツェレの前に実施されています。

もちろん、プラーヌンクスツェレの説明会も重要な意味を持ちます。ここで取り上げた２つの事例でも、ディーネル教授が講演し、参加者やマスコミの質問に応えています。このようにして、事前の広報が行き届くことによって、招待状を受け取った住民が参加する率が高くなるでしょうし、市民の関心が高くなれば、「市民答申」を実現する力にもなります。

プログラム作り

　プラーヌンクスツェレは、無作為の一般市民が特定課題について討議し、「市民答申」を策定しますので、これまで見てきましたように、事前にプログラムが決められています。しかも、その課題について理解を深めるため、様々な情報が提供されます。この情報提供とプログラム作りが非常に大切です。実施機関がこの設定を行ないますので、事前の準備に多くの時間を割きます。レンゲイッヒを担当したトリュケント氏は、約半年必要であると筆者に述べています。実際のところ、レンゲリッヒでも十分な事前準備ができませんでしたので、いろいろなケースがありますが、十分な準備期間を考える必要があります。

　ノイス市の例では、「中心市街地の活性化」について、既に「市街地の利用」「市街地への交通アクセス」「市街地形成」に対する市民答申を出すこと、と契約で示され

ていますが、どのようにプログラムを作るかが問題です。その場合、所轄や法的根拠を基にした行政的考えも大切ですが、これに偏り過ぎると、市民の自由な意見形成を阻害する場合もあります。また、利害関係を多面的に扱う視点も必要になります。

　プログラムは課題や実施レベル（どのくらいの規模の自治体か、それ以上のレベルかなど）などで異なり、これまで標準化されていません。そこで、ここでは大まかなイメージを伝えたいと思います。まず、1日目の前半はウォーミングアップを兼ね一般的意見を聞いたり、町の歴史を振り返ったりしています。その後、午後から3日目までが本格的情報提供として、まず、行政からの基本的説明、次に、利害関係団体からの意見提供などが組み立てられています。その間、現地調査などの参加者自身の体験や政治家からの意見聴取なども、その課題を理解するための情報提供として位置づけられています。そして、最後の段階が参加者による、グループでの答申案作りになり、最終コマでは、投票などで個人的意見を聞いたり、また、プラーヌンクスツェレに対するアンケートを行なっています。

実施

　情報的提供者も決まり、プログラムがしっかり作られ、2人の進行係が選定されれば、4日間の運営は比較的スムーズにされます。私もバイエルン州での大規模なプラーヌンクスツェレに進行役として参加しましたが、お互いに知らない人々が参加するにもかかわらず、何の支障もなく運営できたことが印象的でした。ただ、情報提供の時間等運営マニュアルは必要になります。ただ、日本人は分刻みの運営マニュアルを金科玉条のように遵

守しますが、あの"厳格なドイツ人"もいたって大らかに運営しています。あまり機械的にならないほうが良いようです。それと目に付きませんが、補助スタッフとして食事や休憩時間の飲食の世話をする人が一人つきます。私の経験では、進行役2名と世話人1名の3人で十分でした。

　1コマ90分のうち、情報提供者の人数にもよりますが、最初の2、30分全体の前で情報を提供し、参加者からの質問を受けます。その後、5人の小グループでの討議に移りますが、毎回メンバーチェンジをします。このグループ討議には進行役も参加せず、参加者のみの議論です。その際、グループの討議課題として2、3の質問が出され、その課題に対してグループとしての意見形成をします。回答としてひとつにまとまる場合もあるでしょうが、2、3の案に集約されてくる場合もあります。それをグループの代表者が全体会で発表し、進行役はそれを列挙していきます。また、付箋を使って張り出すこともあります。それをいくつかにまとめ、多くの場合、休憩時間に各人がポイントを与えていきます。もちろん参加者によっては発言に慣れていない人もいますが、1日目の午前中を過ぎると、ごく自然に話すようになります。討議は、この小グループのみで行なわれます。全体会ではありません。

　進行役は、各コマで集約された意見や投票結果などを記録する必要がありますが、今日はデジタルカメラで写しておけば簡単です。

報告書の作成

　各プラーヌンクスツェレで検討された全記録は、進行係から実施責任者に集められます。その記録をもとに、

実施責任者は、委託された課題に対する、参加した市民の意見をまとめていくわけですが、途中の情報提供の段階での意見は、あくまでも意見形成過程の素材とみなされます。プラーヌンクスツェレで重要なのは、最終日に設定されるグループ討議を経ての意見形成です。理屈では、各プラーヌンクスツェレから５つの案が示されていきますので、合計はそのプラーヌンクスツェレの個数倍になります。つまり、４つのプラーヌンクスツェレでは、20の案が示されます。そこに浮かび上がった共通項を探すわけです。また、その案が示している項目に対して、最終的に参加者が個人的にポイントをつけることによって、参加者全体の項目別選好の濃淡が示されます。こうして、参加者の多くが同意できる点を抽出して、「市民答申」として報告書に記載します。そうしてできた素案を各プラーヌンクスツェレから１、２名選ばれた参加者がチェックして最終答申はまとめられます。ハノーバーの公共交通公社ユストラの「市民答申」の場合は、その後更に全参加者に答申案を送りチェックを受けています。この場合は、97％の参加者が答申案に賛成しました。

　この答申案のチェックで大切なことは、選ばれた市民がもう一度課題について討議しないことだと、多くの実施に携わったイルゼ・ブルガスさんは言っています。プラーヌンクスツェレにおいて、討議はあくまでも５人の小グループの中だけです。チェックでは、あくまでも各プラーヌンクスツェレから上がった記録をもとに公平に意見集約されているかどうかのみが問われるのです。

　こうして作成された報告書は、委託者に公開の場で参加した市民の手で正式に手渡されなければなりません。バイエルン州の消費者保護政策に関する「市民答申」の

場合、州都ミュンヘンの宮殿に全参加者が招待され、マスコミ公開の上で、担当大臣に参加者が直接手渡しています。

委託機関の誠実な回答

　委託機関は、「市民答申」を尊重しなければなりません。2つの事例が示すように、その成果はすぐ現れるものではありませんが、既に述べましたように、ある期間のうちに、委託者は「市民答申」について応えなければなりません。実現できること、実現できない場合はその理由を示すこと、所轄が異なる時は、その所轄に連絡を取ることなど、その答申に対する回答をしっかりと示すことが大切です。かつては、こうした契約内容がなく、そのため、何の音沙汰もなく、参加した市民が失望することもありました。

② プラーヌンクスツェレの意義

　市民が政治や公共政策形成に参加する方法はいろいろありますが、その中で、無作為で抽出される市民が、情報を得ながら、小グループで話し合い、意見を形成していくプラーヌンクスツェレの意義をこれから考えていきたいと思います。

無作為抽出の意義

　参加者が、無作為抽出された住民であることは、もっとも重要なことです。団体代表、公募市民など、「参加する市民」はいろいろな形があります。しかし、第1に、社会全体の縮小ともいえる"無作為抽出の市民"の

持つ意義は特別といえます。2つの事例で、その"代表性"や"多様さ"について既に知っていただきました。と同時に、無作為の第2の重要性は、参加者がその課題に対して、基本的には利害関係者でないことです。このため、参加者の討議は、"利益のバーゲニングを目指す交渉"ではなく、参加者はそれぞれ異なった考えを持っていますが、"公共の福祉を目指す連帯感"に基づくものになります。第3の意義は、参加がキャリアアップに結びつかない点です。"籤であたる"参加は、4日間のみに限定され、次に選ばれる可能性はほとんどありません。ここでがんばったからといって、その人が社会的注目を集め、次回も活躍する場が与えられることはありません。

有償

プラーヌンクスツェレに参加した市民には、4日間の欠損した所得が支払われます。しかし、多くの市民は金銭を目的に参加することはないようです。ただ、お金が支払われることによって、まず、その仕事が真剣なものであることを自覚します。そして、参加者は4日間を「仕事」としてきちんとこなすのです。従って、参加初日から、「さあ、何をしましょうか？」という感じで、積極的になっています。

デイーネル教授は、プラーヌンクスツェレを戦後ドイツの社会システムとして構想しています。国民国家の成立において、かつての"国王の傭兵としての軍隊"から"徴兵制度を通した国民軍"の成立が大きな意味を持ちましたが、この徴兵の期間、市民はもちろん日々の労働から切り離され、なおかつ、生活は保障されていました。また、労働から一時期解放されて人間性を回復する

ための休暇制度も、"有給のもの"として今日確立しています。ドイツでは、徴兵制度（またはそれに代わる社会サービスに従事すること）はいまだに意味を持ち、また、有給休暇は必ず取るべきものとして確立しています。そこで、民主主義の制度として、「有給の（生活保障された形で）公共政策形成への参与」を保障すべきではないかと同教授は考えました。分業化された現代社会のなかでシステムに埋没する「市民」を復活させようとする考えが基礎にあると思われます。

ともあれ、委員会や審議会に出席する有識者や調査等を委託されるコンサルタント、ましてや、公的政策を立案する公務員は、決して無給ではないのに、"一般市民"は無給というのは、その意見答申をやはり軽んじているという本音があるのではないでしょうか。

専門家・利害関係者からの情報提供と具体的意見形成

参加した市民は、各コマにおいて始めの2、30分程度ですが、様々な事項について専門家の情報提供を受けながら、意見形成をします。もちろん、その際、前述したように「情報の操作性」がないように異なった意見を聞くことが配慮されています。ノイスでは、私の取材に対して、SPDの議員が「このような豊富な情報を受けるプラーヌンクスツェレを議員対象に行ってほしいものだ」と応えたことが印象的でした。参加した市民も、自分たちに馴染み深い中心市街地の問題ですが、市の人口推移予想、商業の展望、交通計画局の施策等、専門家から十数コマにわたり幅広い情報提供を受けながら、次第に意見形成をしています。そうすれば、市民は驚くほど具体的解決策を理性的に考えるとディーネル教授は述べています。終わりのアンケートでも参加者は、この豊富

写真7　異なった意見の情報提供者

な情報提供をプラーヌンクスツェレの意義として高く評価しています。ただ、前述のように、小グループでの意見形成はあくまでも市民のみで行われることを忘れてはいけません。

　また、小グループでは事前に準備された質問について討論が行われます。例えば、バイエルンでは「障害者、高齢者、外国人市民等特別な配慮が必要な人々に対し消費者保護が公平に行われるために政府はどうすべきでしょうか」という問いに、各グループが3案出すように要請されています。こうして具体的案を形成しながら最後のガイドラインづくりへと発展していくわけです。

「市民合意」の意義

　前述したように、私はバイエルン州で実施されたプラーヌンクスツェレに進行役として参加しました。4日間の実体験は、私にとって非常に良い経験になりました

が、あるエピソードを紹介します。私のグループは16歳の最年少と86歳の最高齢の参加者がいました。また、インド国籍を持つ外国人市民も参加し、社会の縮図とも言うべき25名の参加者でした。その中に博士号を持つ、人柄もよさそうな男性がいましたが、彼は「こうした問題は複雑すぎて一般市民がいくら討論しても何もならないだろう」と当初懐疑的でした。小グループでの討論では、いつも冷静に他の4人を"説得"しようと試みました。しかし、5人の小グループのメンバーが毎回変わるので、効果はあまりありませんでした。数日して彼は、「合意は"説得"によって生まれるのではなく、互いの体験、視点を尊重することによって出来る」ということを学んだようです。それから、相手の意見を十分に聞き、尊重するようになりました。プラーヌンクスツェレの終わりに、彼は市民合意を作り出すプラーヌンクスツェレの意義を高く評価するようになりました。このエピソードは、「合意」とは何かを教えてくれます。今日の社会の根本問題は、「市民の合意」の欠如であるといえます。

　また、プラーヌンクスツェレでは、小グループでの討議を通した合意を目指しますので、人々はこのプロセスを通して、自分たちの意見が"仮定的"であることを学びます。複数のプラーヌンクスツェレの意見を集約する中で、最終的な「市民答申」が、自分の所属したグループの意見と多少異なっても"私たち（全プラーヌンクスツェレ）の提言"として受け入れることは、当たりまえだと、オスナーブリュック市のプラーヌンクスツェレに参加した市民が私のインタヴューで応えたことも印象的でした。

写真8　5人の討議風景

生活知の集積

　「討議」というと厳めしい、理屈ばった議論のイメージがありますが、実際のところ、5人だけの話し合いは、自分の生活体験に根ざした話が多いものです。もちろん、中には高学歴の人もいますが、話し方は日常会話の形で進みます。学者、専門家といえども、日常会話の形式で日々生活しているものです。さながら、"井戸端会議"のような雰囲気ですが、この会話形式が"レベルが低い"と誤解してはいけません。偉大な文学作品でも表現は日常会話によって作られているのですから。

　このような会話を重ねながら、意見を集約し"公共的意見"を形成していきます。市民答申には、専門家の気づかない、具体的な"光る提案"も多く出され、評価を高めてきました。しかし、それ以上に大切なことは、提言が目新しいものではないとしても、それは専門家が分析的、体系的に作り上げたのではなく、生活知とも呼ぶ

べきものの積み重ねによって再度確認されたという点を理解する必要があります。

市民的公共性と制度的公共性との結びつき

　プラーヌンクスツェレについて、篠原一東京大学名誉教授は、「市民の政治学」（岩波新書）で、市民的公共性に基づく「討議デモクラシー」の具体的モデルとして高く位置づけています。プラーヌンクスツェレの場合、無作為の市民が小グループで討議を重ね、実現可能な答申を出します。参加者の95％以上の人が、プラーヌンクスツェレの参加を他の市民に勧めたいと回答するほど参加者の満足度は高いものです。しかし、篠原教授は、こうして生まれる「市民的公共性」と既成の政治機関、つまり、行政や議会で形成される制度的公共性をいかに結びつけるかが今後の課題であると述べています。

　バイエルン州での実例を見ると、保健・食料・消費者保護省は、すべての部局に「市民答申」を配布し、答申で触れられた所管事項につき、現在既に実行していること、計画されていること、実施できない時はその理由を明示するよう指示し、その結果を公表しました。そして、2003年は「保健分野」に絞込み、2度目のプラーヌンクスツェレを実施しています。こうした行政からのフィードバックが進めば、市民と既成の政治（行政や議会など）の間の信頼は高まり、政治的アパシー、観客民主主義の進行は食い止められるのかもしれません。

　プラーヌンクスツェレの特徴は、この"市民的公共性"とも呼ぶべき合意像を浮かび上がらせる点にあります。もちろん、その提案・答申は素朴なものであるため、専門的知見に沿い検証され、決定され、実現されなければなりません。それこそ、専門化した行政や政治代

表である議会の出番です。

　答申について、マスコミへの公表やインターネットでの情報開示等を通じて、常に社会に開かれたものにしておかなければなりません。

③ 検討課題

いくつかの課題

　いくつかの検討すべき課題がありますが、まず、無作為で抽出される市民が、全員参加する（できる）わけではないということです。ドイツでは、有給休暇や教育休暇などが確立し、比較的参加しやすい社会的条件が整っています。また、ベビーシッターや通訳、介助者の手配など、生活弱者の参加にも配慮されていますが、難しい場合もあるでしょう。特に日本での開催の場合、こうした整備をいかにできるか、大きな課題となってきます。

　次に、答申された内容がいかに政策に反映されるのかという点です。ハノーバーでの公共交通公社の改善では、公社が積極的に実現に動き、市民も自発的に実現検証の活動をその後展開し成果を出しています。しかし、バイエルン州の事例では、確かに、州政府は答申の実現について報告書を出していますが、ある意見では、既定の政策の"正当性"を調達するためにされたのではないのかという批判もあります。別なケースでは、市民の声を聞くポーズとして利用し、その後、答申を無視したというケースも過去にないわけではありません。もちろん、これはプラーヌンクスツェレ自体の問題というよりも、政治の面では常にある問題と捉えるほうが良いでしょうが、政治的決定システムとの接続をどのように設計

するのかが問われているともいえます。

　また、「合意像」の抽出が簡単にできるのか、場合によっては、「抽出」自体が「実施機関の作為」になる危険はないのか、ということです。ひとつのプラーヌンクスツェレは25名で構成され、他のプラーヌンクスツェレと関係を持ちませんから、こうした「合意像」は、まず、実施機関の手によって原案が作られ、各プラーヌンクスツェレから選ばれた代表者によってチェックされます。こうした点も、テーマの事前設定と共に厳しく吟味されなければいけません。

　これまで、実施機関は主にディーネル教授が所長を務めるヴパタール大学市民参加・計画手法研究所やシティズン・コンサルト、財団法人ミットアルバイト、市民答申協会など同教授と関係のある機関でした。しかし、今後、実施機関が多様化し、かつ、職業化した場合、実施機関自体が「利益団体」化し、委託する行政などの意向が反映される危険性があります。

　また、どの課題に対してプラーヌンクスツェレを実施すべきかという点に民意の反映は工夫できないかなどの問題もあります。今後、こうした課題についてオープンな議論がされるべきでしょう。

批判的検証の場

　前に述べたように、こうした討議デモクラシーの様々な方法が盛んに実施されたのは、ドイツでも90年代以降でした。その方法は多様で、プラーヌンクスツェレもそのひとつです。未来ワークショップ、コミュニティ・プラニング、コンセンサス会議など多くの方法がありますが、この10年間の展開は、互いに刺激し合い、改良していることです。決してドグマ的にならないことが大

切であると言われています。「市民的公共性」は、市民の自由な結合と自由な討議が基本ですから、それを実現するためにも、こうした柔軟な態度が必要でしょう。批判的検証に晒さないものは正当性がありません。ドイツでは、そうした場が設けられています。セミナー「地方自治体での市民参加」（財団ミットアルバイト、ロッコム・プロテスタント・アカデミー共催）もそのひとつで、私も第1回、第2回に参加しましたが、昨年10回を数えました。ちなみに、この財団の事務局長を長年務めたアンドリアン・ライナート博士はディーネル教授の弟子で、また、ディーネル教授自身、かつてロッコムの研修を担当していました。ここでは、ドイツ各地で様々な市民参加の活動をしている団体、研究者、行政関係者が集まり議論を重ねています。また、財団ミットアルバイトは、市民参加の様々な方法の紹介、ネットワークの構築等で市民活動や行政を支援しています。これから日本でもそのような場づくりが必要なのではないでしょうか。

第5章　日本での取り組み

1　日本でのプラーヌンクスツェレの紹介

日本におけるプラーヌンクスツェレの紹介

　本書巻末にリストを載せていますが、日本でプラーヌンクスツェレが紹介されたのは、主に3つの段階に分けることができると思います。私が把握している限り、文献上日本で最初に「プラーヌンクスツェレ」が表れたのは、1977年に岩波書店から出された「市民参加」（篠原一著）で、政治参加の諸類型の図の中で簡単に触れたものでした。プラーヌンクスツェレについて本格的に論じたものは、大村謙二郎氏の論文でした。これが第1段階です。この段階は、ドイツ語資料に現れたものを何らかの形で知り、その資料の紹介というものでした。

　次は、1995年以降、私がドイツでプラーヌンクスツェレに出会い、様々な形で日本に紹介したものです。市川嘉一さんや山内健生さんの論文などがあります。私はじめ、市川さんや山内さんも、文献だけではなく現地で取材をし書いています。

　しかし、近年、若い研究者がプラーヌンクスツェレに関心を持って、直接ドイツとコンタクトを取り調査・研究しています。早稲田大学大学院の後藤潤平さんの論文や京都大学大学院の工藤春代さんの研究などです。これは、バイエルン州で実施された消費者政策のガイドライン策定に関する大規模なプラーヌンクスツェレに関して

です。そして、篠原一教授の「市民の政治学」がきっかけに、「討議デモクラシー」の実践例をインターネットで検索し、また調査した「市民がつくる政策調査会」や須田春海さんの論及もあります。

「市民の政治学」のインパクト

篠原一教授の「市民の政治学」は、今日閉塞感の強い政治状況の中で、将来の民主主義に関する展望に一石を投じました。討議民主主義・熟慮民主主義に関する議論は、専門家の間では、決して新しいことではありませんが、岩波新書というポピュラーな形で市民対象に論じた意義は大きいものでした。ともすれば、政治理論が「専門家の特殊な関心」に止まりがちですが、それでは政治理論の持つ意味は少ないといえます。

とりわけ同書では、理論的考察のみならず、討議デモクラシーの具体例として「討議制意見調査」「コンセンサス会議」「計画細胞（プラーヌンクスツェレ）と市民陪審制」「多段式対話手続き」を挙げています。その例示の前に討議デモクラシーの原則として、1、無作為抽出の参加者、2、討議倫理に基づく運営、3、メンバーを固定しない小グループの討論、4、意見の変化、を挙げていますが、こうした特徴を最も現しているものとしてプラーヌンクスツェレを考えることができます。ともあれ、プラーヌンクスツェレの意義について、日本を代表する政治学者で、かつ、戦後の「市民参加」（活動でも理論面でも）において中心的役割を担ってきた篠原教授が紹介した意義は大きいものでした。

② 東京青年会議所の取り組み

東京青年会議所に招かれ講演

　それゆえ、同書の社会的インパクトは様々にあったと推測されますが、同書に感銘を受けた東京青年会議所の淺沼洋一さんと小針憲一さんから「プラーヌンクスツェレを日本で是非実施したい」という連絡が私にありました。青年会議所は、これまで立候補者の公開討論会を開催したり、計画策定における市民の参加を推進するワークショップを普及するなどの活動をしてきましたが、彼らは、新しい民主主義の形として「討議デモクラシー」を日本で実現することに関心を持ったようです。ただ、即実施といっても、プラーヌンクスツェレとは何かを理解しなければならないし、また、その中心である無作為抽出がうまくいくかという危惧があり、何度か意見交換し、2004年11月東京で「『市民参加』の形成と定着」と題し、講演会と討論会を開催することになりました。

　そこで私は、「ドイツにおける新しい市民参加の方法―プラーヌンクスツェレ」と題し、主に「日経グローカル」に寄稿した記事に基づき、プラーヌンクスツェレについて報告しました。その後、活発な質疑応答が行われましたが、そこでの主な質問は、現行の代表制民主主義との関連、地方分権との関係、一般の市民がそもそも「討議」できるのか、結果はどのように反映されるのか、コストは誰が負担するのか、などでした。現行の民主主義を形骸化させないためにも、市民自身が公共性を形成することが大切であり、そのためには、議会や行政で形成される「制度的公共性」とは異なる形で「市民的公共

性」が形成される必要性がある、と私は応えました。分権化されてもこの課題は残る。また、「討議」といっても理屈を持って交渉するのではなく、プラーヌンクスツェレの5人の討論では相手の言わんとすることを理解しあい、5人が納得できる解決を探ろうとしている。コストの多くは、参加市民に支払われるので、税金が市民に還元されていると考えることもできるのではないか、と意見を述べました。

　その後、東京青年会議所千代田区委員会の質問に答える形で研究会を開催することになりましたが、これが昨年3月12日の会議で、ここで「日本プラーヌンクスツェレ研究会」が発足しました。

　東京青年会議所千代田区委員会（当時、永塚弘毅委員長）は、プラーヌンクスツェレの日本版ということで「市民討議会」を実施しようと、その後準備を重ねました。そして、7月11日、公開フォーラムを開催しまし

写真9　基調講演

たが、私も基調講演を行い、コンセンサス会議を実施されてきた若松征男教授（東京電機大学）とともにその後のパネルディスカッションに参加し、7月16日、17日の両日「市民討議会」が行われました。

　こうした一連の日本での展開は、ディーネル教授やドイツにおけるプラーヌンクスツェレ関係者にも報告され、大きな関心を集めました。

千代田区委員会「市民討議会」などの実践

　「市民討議会」は、「社会的支援をすべき市民活動の課税問題」をテーマに千代田区の「ちよだプラットフォームスクェア」で開催されました。この市民討議会は、プラーヌンクスツェレにヒント得、開発されたものです。この勇気ある試みは、日本版プラーヌンクスツェレを進める上で大変重要な実験でした。参加した市民は15名で、無作為抽出の市民は残念ながら3名だけでしたが、参加者には12000円支給され、大学教授や行政担当官、市民活動支援者などから情報提供を受け、5人ずつの小

「市民討議会」のプログラム

7月16日（土）		7月17日（日）	
9：30	開会・挨拶	9：45	④1日目の集計・市民報告（案）の説明
9：45	①テーマ1「社会的に支援すべき活動の判断基準・ルール」	10：40	⑤グループ討議 行政、有識者・専門家、市民の役割 誰がどのように判断し、チェックするのか
12：00	昼食		⑥全体討議
13：00	②テーマ2「社会的に支援すべき活動への課税・非課税」	12：00	昼食
15：00	③テーマ3「社会的に支援すべき活動・団体の判断・チェック」	13：20 14：00	⑦市民報告会の発表と専門家のコメント、質疑応答

（実際の日程は時間的に若干の違いがありました）

グループで討議を行なっています。その概要はプログラムの通りです。

小グループの討議は、テーマ１から３と⑤のグループ討議の４回です、従って、プラーヌンクスツェレの１日分のみでした。

この経験をもとに、千代田区委員会は再度今年「千代田区の子育て支援」という身近なテーマで実施しました。今回は７月１日、15日の２日に分け、開催しています。また、８月５日には、立川青年会議所が「市議会と市民の関わり」をテーマに実施しました。三鷹市では、それに続き、次章で詳しく紹介しますように、「子どもの安心・安全」をテーマに、行政と共催で50人以上の市民が参加し本格的に実施されました。

③ 日本プラーヌンクスツェレ研究会の発足

第１回「日本プラーヌンクスツェレ研究会」開催

さて、前述の経緯の中で開催された第１回研究会では、まず、早稲田大学大学院政治学研究科博士課程後期の後藤潤平さんが「プラーヌンクスツェレ―熟慮民主主義」というテーマで報告を行いました。後藤さんは、コンセンサス会議を実施されている若松征男教授（東京電機大学・科学技術社会論）とともに共同研究を行い、別府での私に対する取材やドイツでディーネル教授やバイエルン州のプラーヌンクスツェレを実施したシュトゥルム博士に取材し、その成果を政治コミュニケーションの脈略で論文「プラーヌンクスツェレ―熟慮デモクラシー論の実践的アプローチ―」にまとめています。後藤さんはプラーヌンクスツェレの意義を「市民参加に基づく政

策決定のための正式な民主主義制度として利用される可能性を究極的に持つ」としても、現実的には「さしあたり政治責任の外側に置かれながら、政治的責任を持つ政治エリートやそれに影響を与える大衆にとっての世論参照ツールとして位置づけられるべきである」としています。

　次に、京都大学大学院農学研究科博士課程後期の工藤春代さんが「食品分野の消費者政策における消費者参加」について発表しました。工藤さんもバイエルン州で実施されたプラーヌンクスツェレを事例として、専門分野である食品分野の消費者政策の分野における市民参加として同事例を検討した場合の課題について論じています。この報告は、日本農業経済学会個別報告で発表されたものに基づいたものです。同事例では、16コマの作業単位の中で4つのコマが食品に関するものであったが、その結論が大まかになったため、現実に有効な政策提言の内容が薄まったと批判しました。もちろん、バイエルン州の事例では、消費者政策全般のガイドラインという、非常に大きなテーマを取り上げられているため、具体的分野ではどうしても大まかにならざるを得ません。プラーヌンクスツェレの豊富な体験を持つイルゼ・ブルガスさんは、同州のプログラム設計にアドバイザーとしてシュトゥルム博士に助言を与えていましたが、州政府から与えられたテーマが大きすぎたと私に述べています。どちらにせよ、工藤さんの発表のように個別政策への反映という面からの考察は意義深いものでした。

「日本プラーヌンクスツェレ研究会」の目的

　日本プラーヌンクスツェレ研究会は以下を目的としています。

①プラーヌンクスツェレの研究と日本での紹介。
②日本にあったモデルを開発し実施する。
③討議デモクラシーの具体的事例を研究し、その発展に寄与する。
④日本国内や海外（特にドイツ）の関係団体とネットワークを構築し、調査・研究に資する。

　プラーヌンクスツェレは、第1章で示したように、30有余年にわたり数多くの実施例があります。研究会では、こうした事例を研究するとともに、日本に適したモデルを考案し実施したいと考えています。また、討議デモクラシーの理論的研究とその可能性を持つ様々なモデルを具体的に調査し、検討する場を設けたいと思っています。その際、日本国内での実践例や海外の事例を含めることは当然ですが、そうした関係者とネットワークを構築し、相互交流の場を作りたいと考えています。既に、ドイツの関係者には連絡を取っていますが、今後直接的交流が深まることを期待しています。

第2回研究会の開催

　第2回研究会は、昨年10月22日、東京自治研究センターで開催されました。第1部では、「市民の政治学」を著した篠原一教授が、「討議デモクラシーの現状と課題」について講演をしました。第2部では、昨年実施された「市民討議会」について永塚弘毅さんが報告し、その後、活発な議論が行なわれました。参加者は、大学研究者、東京青年会議所の会員、市民参加の実践者など様々な分野からでした。

　篠原教授は、市民討議会などを実践するにあたり、理論を学ぶことが重要であること、その場合、民主主義の理解として「市民による統治」の視点を忘れてはいけな

いと強調されました。「討議デモクラシー」は論者により論点が異なっていますが、コーエンやガットマンなどアメリカでの議論とハーバーマスなどの理論を紹介しつつ、現在は、「討議デモクラシー」の批判もあると解説、しかし、他方、プラーヌンクスツェレやコンセンサス会議、討議型意見調査など実践的研究がこれから必要であると語られました。

「市民がつくる政策調査会」（NPO）の取り組み

　「市民がつくる政策調査会」（NPO）は、1年がかりで「市民参加・合意形成」のあり方を調査・研究してきました。特に、諸外国の事例を正確に調べ、その問題点を探る研究会を昨年7月から始め今年の3月まで7回開催しています。そのまとめとして、7月29日、30日、幕張セミナーハウスで「市民参加・合意形成手法について－諸外国の事例から〈討議〉〈熟慮〉民主主義を学ぶ」をテーマに研究学習会が開催されました。

　その内容は、1年間の研究内容の発表と若松教授のコンセンサス会議、シナリオワークショップの報告、私のドイツにおけるプラーヌンクスツェレと市民討議会の説明でした。1年間の調査研究では、まず、討議デモクラシーの具体例として例示されたコンセンサス会議、シナリオワークショップ、ディリバラティブ・ポーリング、プラーヌンクスツェレ、市民陪審を英文資料から紹介。また、イギリスの地方自治体で実施されている市民参加の実践を2002年の政府報告書をもとに説明しました。日本の事例として、コンセンサス会議を対象に、その意義と課題について分析されました。これらは、「市民参加・合意形成手法事例とその検証」としてまとめられています。

研究学習会では興味深い討論が行われました。参加者はどのように選ばれるのか、参加者の合意形成はあるのか、討議の結果は政策に反映するのか、住民の代表である議員・議会の役割を結果として軽視するものになるのでは、などが議論されました。ただ、討議デモクラシーの具体的実施例の研究はまだ進んでいないので、こうした討論の場が今後定期的に開催され、異なったメソッドを互いに学び、その結果、日本の社会情勢にふさわしい方法を開発することができることが望まれます。

第6章　三鷹市の事例と日本での可能性

1　三鷹市の実践

　三鷹市は、熱心に住民参加に取り組んで来た自治体として有名です。7つの住区ごとにコミュニティ・センターを設け、住民の自治組織である「住民協議会」が管理・運営を行なってきました。1985年から住区ごとに住民がまちを点検し、課題を見つけるコミュニティ・カルテの作成を始め、のべ1000人の住民が参加したワークショップで丸池復活プラン作りをするなど、活発な住民参加を進めてきました。そして、全員公募市民による市の基本計画の素案作り「みたか市民プラン21会議」に発展していきました。この市民会議には、公募市民375名が集まり、773回も話し合いを重ねました。現在、市民プランの答申に基づき、三鷹市市民協働センターが開設され、市民活動の支援、民学産官の協働の拠点として機能しています。

　このように、積み重ねられ、充実してきた住民参加ですが、それでも17万の多くの市民は、こうした活動と距離がありました。そこで、無作為で抽出された一般市民の参加方法・プラーヌンクスツェレに関心が高まったのです。

1 実施前の取り組み

公開フォーラムを開催

　　三鷹青年会議所は、市と協議を重ねながら、新しい市民参加の方法の実施を検討してきました。その一環として、今年（2006年）3月10日、三鷹市市民協働センターで公開フォーラムを開催しました。無作為抽出の市民参加といってもイメージがつかめませんので、私が「ドイツの新しい市民参加－プラーヌンクスツェレ」と題し、ノイス、レンゲリッヒの事例を紹介しながら、プラーヌンクスツェレの説明を行いました。その後、パネルディスカッションが、私を含め、河瀬謙一氏（三鷹SOHO倶楽部代表）、玉木博氏（三鷹市生活環境部長調整担当部長）、伊藤幸寛氏（三鷹市企画経営課室長補佐）を交えて行なわれました。

三鷹青年会議所と三鷹市の協定書

　　実施するにあたり、三鷹青年会議所と三鷹市は、協定書を交わしています。その目的は、ディスカッションの実施とその手法の効果の検証・評価することです。青年会議所の役割・責務として、実行委員会の設置、報告書の作成と市への提出、個人情報保護等が決められ、市は、実行委員会へ職員を派遣すること、住民基本台帳から参加市民の無作為抽出の作業をすること、報告書を真摯に検討し市政に活かすよう努力することが、責務として記されています。

実行委員会の設置と活動

　　協定書に基づき、実行委員会が設置されました。この委員会が実施機関になります。三鷹青年会議所の社会委

員会委員長の吉田純夫さんが委員長になり、4人の副委員長を含む合計22名のメンバーです。内訳を見ますと、三鷹青年会議所12名、市民協働センター運営委員や三鷹市SOHO倶楽部などの市民（市民会議21のメンバー）6名、市役所職員4名で構成されています。プラーヌンクスツェレでは、実施機関は、委託機関と独立した中立的機関となっていますが、構成から見ると、市職員も入り異なったものになっています。しかし、市職員は4名であり、実際は、委員会が独立した形で意見を交わし、プログラム、実施方法などを決定していったようです。この様子は、実行委員会のブログで6回の委員会の議事録が公開され、誰でも見ることが出来ます。

参加者の無作為抽出

　関係者が一番心配したことは、無作為で抽出された市民から十分な参加者が集まるかどうかということでした。そのため、広報には殊更力を入れ、カラー刷りパンフレットは1万8000枚配布しました。市内の小・中学校の校長に依頼し、保護者に約1万枚、その他、7つのコミュニティ・センターを通して地域住民に配りました。

　その上で、参加者を45名と決定し、住民基本台帳から無作為に抽出した市民1000人に参加依頼状を送付しました。その時も、"いかがわしいダイレクト・メール"と間違われないように、封筒の表紙に、まちづくりディスカッション2006の案内と三鷹市・三鷹青年会議所が主催していることを明示し、かつ、同市自慢のスタジオジブリのキャラクター"Poki"も載せています。

　こうした努力が実ったのでしょうか、参加予定者を45名としていましたが、87名の市民が参加を希望して

きました。8.7％の参加希望率ですから、ドイツと比較しても遜色のないものでした。そこで、抽選で60名選びました。これは、当日欠席者を予想したためです。

事務局では、当日欠席者を少なくするため、参加市民とのコンタクトを密にしています。参加案内から始まって、決定のお知らせ、抽選結果、謝礼の振込口座の通知依頼、プログラムのお知らせと、2ヵ月半の間に5回郵送しているのも、その努力の現れでした。

2 "みたかまちづくりディスカッション2006"開催

三鷹のプロジェクトは、8月26日（土）午後1時に開催し、27日（日）終了の1日半のプログラムでした。その間、市民討議の時間は、土曜日1コマ、日曜日3コマの合計4コマのコンパクトなものです。

参加者

参加者に選ばれた市民は60名でしたが、実際の参加者は、初日52名、2日目51名でした。現時点では、実際に参加した市民の属性分類は出ていませんが、選ばれた60名について、以下のように報告されています。

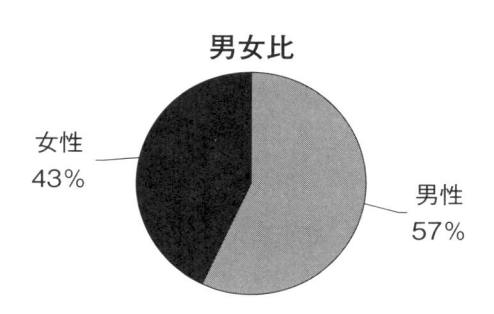

男女比

女性 43%
男性 57%

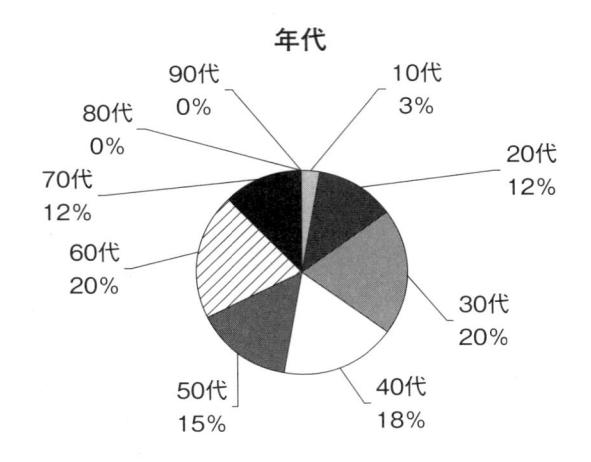

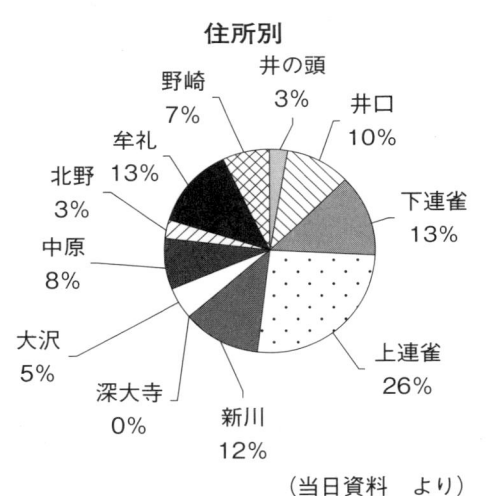

●まちづくりと新しい市民参加―ドイツのプラーヌンクスツェレの手法―

年代

- 10代 3%
- 20代 12%
- 30代 20%
- 40代 18%
- 50代 15%
- 60代 20%
- 70代 12%
- 80代 0%
- 90代 0%

住所別

- 井の頭 3%
- 井口 10%
- 下連雀 13%
- 上連雀 26%
- 新川 12%
- 深大寺 0%
- 大沢 5%
- 中原 8%
- 北野 3%
- 牟礼 13%
- 野崎 7%

（当日資料　より）

　　最高齢者71歳、最年少18歳に示されるように、公募型では通常見られないような社会的にとてもバランスの取れた参加者になっています。もちろん、ドイツの事例のように、大規模なものと比較して多少の偏りが出るのは仕方がありません。

1日目のプログラムの概要

　　1日目のプログラムの概略は以下の通りでした。

一日目のプログラム

13：00〜13：50	主催者あいさつ 趣旨説明・進め方の説明など
13：50〜14：20	情報提供
14：20〜14：30	質疑応答
14：30〜14：45	休憩
14：45〜15：45	第1回話し合い 「子どもにとって危険や不安を感じるのは、どこで、そんな時ですか？」
15：45〜16：20	発表と投票（赤色シール・1人6枚）
16：20〜16：30	閉会

（資料「参加者ハンドブック」より）

　1日目の目的は、今回の市民参加の方法について参加者が理解することと「子どもの安心・安全」について情報提供や話し合いを通して理解を深めることでした。

情報提供

　情報提供では、テーマに関係する3分野の行政機関から説明がありました。まず、三鷹市の福島安全安心課長が、安全安心課の設置が平成16年4月1日され、市職員による安全安心パトロール車の巡回が行なわれていること、市民協働パトロールには、町会・自治会等22団体約630人が参加、「子ども避難所」のプレート設置、安全安心メール（登録者5,500人）の概要等について説明しました。

　次に、三鷹市教育委員会の竹内総務課長は、スクールエンジェル（30代から60代の人々）、防犯ブザー、セイフティ教室、学校110番（警視庁に直結）の取り組みについて述べています。最後に、三鷹警察署の藤野生活

話し合いの流れ

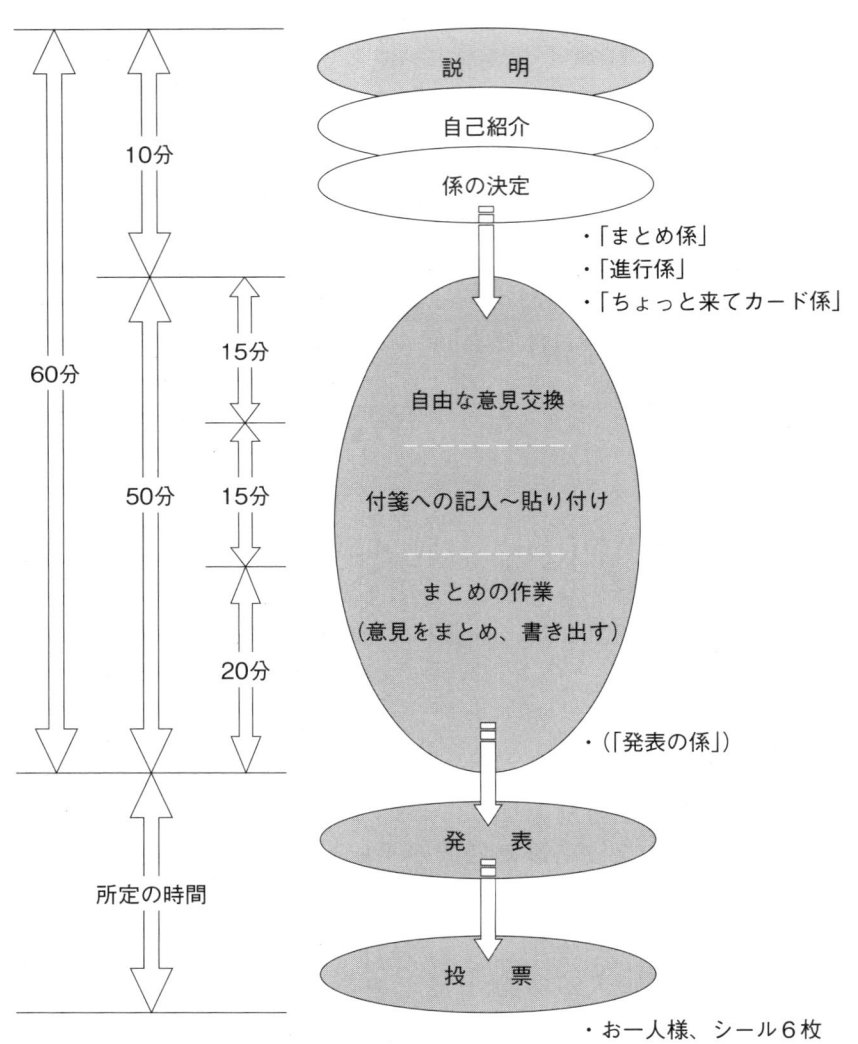

```
         説　明
          ↓
         自己紹介
          ↓
         係の決定      ・「まとめ係」
          ↓           ・「進行係」
                      ・「ちょっと来てカード係」
      ┌─────────┐
      │ 自由な意見交換 │
      │  - - - - -  │
      │ 付箋への記入〜貼り付け │
      │  - - - - -  │
      │  まとめの作業  │
      │(意見をまとめ、書き出す)│
      └─────────┘  ・(「発表の係」)
          ↓
         発　表
          ↓
         投　票       ・お一人様、シール6枚
```

時間配分：
- 10分：説明〜係の決定
- 15分：自由な意見交換
- 15分：付箋への記入〜貼り付け
- 20分：まとめの作業
- 60分／50分：全体
- 所定の時間：発表・投票

(資料「参加者ハンドブック」より)

　安全課長から、市内の犯罪発生状況と少年犯罪、被害少年の被害別・年齢別状況等の報告がありました。
　参加者から、「子どもの安全・安心」を脅かすのは、「犯罪だけではなく、交通事故などもあるのではないか」

「データに表れない犯罪等もあるのではないか」「市の広報が足らないのでは」などの質問が出されました。

話し合いのルールと第1回話し合い

その後、1グループ5人ぐらいに分かれ、話し合いがもたれましたが、まず、補助員がやり方をもう一度説明。また、「まとめ係」「進行係」「ちょっと来てカード係」「発表の係」をジャンケンで決めています。「ちょっと来てカード係」とは、補助員に質問があるとき、呼ぶ係のことです。また、補助員は、以下の話し合いのルールについて解説しました。

話し合いのルール

1、会議の目的は結論を出すことです。何かを決めて終えるようにし、後戻りしないでください。
2、出てきたアイディアが実現可能かどうか考えないでください。
3、ひたすらアイディアを出してください。
4、相手のアイディアを否定しないで、ほめてください。
5、全員の皆さんが発言できるようにご配慮ください。
6、人の意見を聞いて、自分の意見を変えてもいいです。

(資料「参加者ハンドブック」より)

今回のグループでの話し合いでは、付箋に自分の意見を書きながら発言し、最後にグルーピングするKJ法に基づいて行われましたので、参加者は初め、書く事に集中し、話が中断する場合が見られました。また、あるグループでは、当初若い参加者は発言せず年配の女性が活発に発言する様子も見られましたが、それでも最後の方では、その若い人も話しに加わり始めました。発言内容を追っていくと、「どこそこの歩道が狭い」「ゲームなど

写真10　討議風景

の影響を心配だ」「子どもに居場所が少ない」など、それぞれ身近に体験したり、感じたりする発言が活発に出ています。

　20分前、10分前、3分前、と会場全体にアナウンスされ、時間管理を行なっていました。補助員は、時折、助言を求められることもありましたが、内容に関わる発言は厳しく戒め、あくまでも、参加者のみの話し合いが実現できるようにしました。

2日目のプログラム
　　2日目のプログラムの概略は次ページの表の通りでした。

第2回の情報提供と話し合い
　　第2回の話し合いのテーマは「地域安全マップの作り方、使い方のアイディアを出してください」でした。そ

2日目のプログラム

10:00〜10:10	本日のスケジュール
10:10〜10:40	情報提供
10:45〜11:45	第2回話し合い 「地域安全マップづくりの作り方・使い方のアイデアを出してください」
11:45〜12:45	昼食および 第2回話し合いの結果に対する投票 （青色のシール・1人6枚）
12:45〜13:00	情報提供
13:05〜14:05	第3回話し合い 「地域の子どもを見る目をふやすためのアイデアを出してください」
14:05〜14:40	休憩　および 第3回話し合いに対する投票（黄色のシール・1人6枚）
14:40〜15:40	第4回話し合い 「まとめの提案：子どもを犯罪から守るために、こんなことをはじめたらどうでしょう」
15:40〜15:55	休憩
15:55〜17:05	発表と投票（赤色のシール・1人6枚）
17:05〜17:20	休憩
17:20〜18:00	まとめ・報告書の説明・主催者あいさつ

（資料「参加者ハンドブック」より）

こで、2つの面から情報提供がありましたが、まず、橋本博子さん、橋本理恵さんの2人が、「親子でつくる地域安全マップマニュアル」について、塾、学校、遊びなど子どもの動く範囲を専門家の助言を受けながら、実際に子どもと歩きながら作成した様子を説明しました。メモ帳、インスタント・カメラを片手に、どこが危ないか、親子で話しながら作成すると、子どもの視点で地域の危ないところを知り、また、子どもの防犯力をつける

こともできると話しました。次に、三鷹市の福島安全安心課長が、同市の15小学校区で作成された安全マップを紹介しました。

参加者から、「学校での取り組みは」「私立学校に通う生徒対象のものはあるのか」「マップを制作した後はどのようにしているか」「安全マップの周知は」などの質問が出されました。

その後、メンバーチェンジした小グループで話し合いがもたれましたが、1日目よりもっと活発に話が弾み、中には、書くことも忘れて議論するグループも目立ちました。

「安全マップを自分で作り直して、小さくしポケットに入れること」「自転車の行動範囲はもっと広いのではないか」「交番が無人である。警察の対応がもっと必要」と意見がどんどんと出てきます。

第3回の情報提供と話し合い

第3回の小テーマは、「地域の子どもを見る目をふやすためのアイディアを出してください」です。サンケイリビング記者の向山奈央子さんが、地域の取り組みとして3つの事例を紹介しました。まず、千葉県柏市で3年前から実施されている「エンジェルパトロール」では、散歩の時に、黄色い帽子を被り、子どもたちに挨拶しています。4200人もの市民が登録しているそうです。また、練馬区では、区役所がフラワーポットを町会、自治会に配布し、地面に置くか吊してもらい、その花の手入れを外でするようにお願いしています。"10万人の目"というキャッチフレーズで、多くの市民が外に出ることで、見守りの目を多くしています。世田谷区では、平成15年から「ワンワンパトロール」ということで、子ど

もの登下校時の見守り活動をしている、という報告が行なわれました。

まとめの話し合いと発表

　3回の話し合いの後、最後に第4回の話し合いが持たれました。テーマは「まとめの提案：子どもを犯罪から守るために、こんなことを始めたらどうでしょう」です。2回、3回目の話し合いと異なり、ここでは自由に議論し、参加者の提案をまとめてもらいます。

　その後行なわれた発表では、「親が子どもをまず知ること」「地域の顔の見える交流が大切」「教育の中で防犯意識を育てること」「交番の設置・暗い歩道の解消」など行政機関の責任、関係機関の連携強化など、個人・家庭や地域社会、行政機関などそれぞれの責任と役割に言及した意見が多く出されました。また、「サラリーマンが帰宅時に腕に腕章をつけるなど夜の見守りも大切」「空き教室を利用して居場所づくりをもっと進めること」など、具体的アイディアも多くありました。

3 評価

参加者の評価

　2日目の最後に、参加者（51名）に以下の質問に挙手で応えていただきました。突然の企画でしたので、きちんとした調査ではありませんが、その質問と結果は以下の通りです。

1、このような市民の声を出す場に参加したことがある
　　2名
2、みたかまちづくりディスカッションは続けたほうが

　　　　良い　50名
3、案内がきたらもう一度出てみたい　41名
4、開催時間はもっと短い方が良い　25名
5、もっと長いほうが良い　8名
6、参加してみて知り合いが増えてよかった　31名

　これも見ると、まず、参加者がこれまで「市民参加の場」に参加したことはほとんどなかったが、無作為で選ばれ、きっかけを与えられたことを大変評価していることが分かります。この無作為抽出の市民参加を今後続けるべきだと、51人中50人が応えていることは、とても注目すべき結果です。また、時間については、長いと感じた方が多かったようです。

行政の評価

　清原慶子市長は、2日目も参加し、また最後の挨拶で、今回の試みを高く評価しています。まず、実行委員会が試行錯誤、激論を戦わせながら実施してきたこと、次に、参加者が話し合いのルールを尊重し、互いに意見を認め、アイディアを形成してきたことはとても意義があったと述べています。また、結論について、個人・家庭の責任、身近な社会の責任、市役所等公的機関の責任がそれぞれ指摘され、責任主体について複眼的視点に立っている。アイディアは行政の活動と重なることも多く、その意味で、追い風を頂いた気がすると、評価しています。また、多くの参加者から周知されていないという声がでたことや多くの新しい提案について、しっかり応えることを約束しました。

② 日本での可能性

　東京青年会議所千代田区委員会で実験的に始まった日本版プラーヌンクスツェレの活動は、三鷹市での実施で大きな一歩を踏み出しました。再三述べていますように、「市民討議会」「まちづくりディスカッション」は、ドイツで確立されているプラーヌンクスツェレとは違います。ただ、無作為抽出された市民が、有償で参加し、具体的課題について小グループで討議し、提言をまとめていく、という基本的性格を引き継いでいます。日本の社会条件に適した、こうした試みがなければ、プラーヌンクスツェレはエキゾティックなものとして止まっていたことでしょう。これは、ディーネル教授の願いではありません。具体的に社会を変えることが願いです。私もこうした試みがなければ、日本でプラーヌンクスツェレが実施されるとは思わなかったことでしょう。そこで、三鷹市の事例をプラーヌンクスツェレと比較し、日本での可能性について述べたいと思います。実施上ポイントは、既に第4章で詳しく述べていますので、ここでは、それを前提としたうえで、特に、2日間の実施モデルを提案したいと考えます。

1 プラーヌンクスツェレと比較して

　今回の三鷹市の事例は、ドイツで実施されているプラーヌンクスツェレと多くの点で異なっています。そこで、第1章で挙げたプラーヌンクスツェレの特徴と比較しながら述べたいと思います。

課題について

　今回の課題は、「子どもの安心・安全」でしたが、身近なテーマで、かつ、市民の関心も高く、そのため参加希望者が多かったと予想されます。その意味で、適切な課題でしたが、今回の実施の目的は、この課題解決のためというよりも、この市民参加の方法を試みることに主眼がありましたので、討議により何を解決すべきなのか、少し焦点が定まらない面もありました。

参加者の無作為抽出

　三鷹の実験で一番課題とされた点でしたが、これまでの試みと違い、行政が共催ということと事前の努力の結果、素晴らしい結果になりました。87名の参加希望者が出たということは画期的です。住民参加の歴史の長い三鷹市であったからとも言えますが、行政などの機関がきちんと市民に説明をすることや実行委員会が小さな工夫を重ねたことなどを学ぶことで、他の自治体でもうまくいく可能性を示したものと評価できます。

実施機関

　プラーヌンクスツェレでは、委託する機関と関係のない中立的独立機関が実施機関となります。三鷹市の事例では、三鷹市と三鷹市青年会議所で協定書が結ばれ、両者の役割・責務、結果の尊重等が明記されています。ただ、今回の実施機関には三鷹市職員が4人入っていますが、これは原則的には良くありません。しかし、既に述べましたように、4名の三鷹市職員が実行委員会を主導したということは決してなく、ブログでの議事録の公開などかなりの点で中立性が担保されています。

　プラーヌンクスツェレの運営は、片手間にできるもの

ではありません。かなりの事務量が発生しますので、一定期間フルタイムで関わる人々が必要になります。三鷹の場合、ボランティアで働く熱心な市民が多くいたこと、また、市職員が参加したことで、こうした課題を解決したのでしょうが、プラーヌンクスツェレでは、こうした人件費も経費として計上され、実施機関に支払われます。

討議４コマは少なすぎる

今回、１日半というとても短い期間で、そのため、参加者の討議時間が４コマと非常に限定されました。ドイツでは16コマですから、決定的に異なっています。プラーヌンクスツェレは最初の頃、１ヶ月の討議を構想していましたし、重要で複雑な課題については、４日以上の討議が必要と言われています。どちらにせよ、自然に意見形成されるには４コマの討議では少なすぎます。プラーヌンクスツェレを検討した、一昨年のベルリンの国際会議でも、全く知らない人々が４日間のプロセスを経て、互いに信頼し、共感しあうようになる、と指摘されています。それはお酒やワインを作る際、自然発酵するために一定の期間が必要なことに似ています。

互いに話し合意を目指す討議

短期間で効果を出そうと、ワークショップの技法としてKJ法の活用やワークシートの用意、アイスブレイクとしての旗揚げなどが使われましたが、今回の参加者も示しているように、５人の討議という形で参加者は自然に互いに話します。三鷹の事例では、参加者は各自意見を述べ合って、分類することに力が注がれたため、意見を交換し合意を図る、グループとしての意見を形成す

る、という面が不足したように思われます。

　小グループでの討議の目的は、参加者が意見交換し、自分の意見を修正していくことにありますので、"互いに批判しない、褒め合う"という話し合いのルールの運用ももっと考えるべきでしょう。最初に、一般的マナーとして説明するだけでも十分ではないでしょうか。

投票の過信は危険

　他の「市民討議会」や三鷹の事例でも投票が取り入れられています。これは、本書で紹介した２つのプラーヌンクスツェレの事例でも実施されていますが、プラーヌンクスツェレの目的は投票ではありません。共同で解決策を討議することです。「投票」は、人間の意志があたかも量的に把握できるかのような錯覚をあたえます。これは便利ですが、誤解です。第４章の「市民合意」の意義で述べたように、プラーヌンクスツェレを通して参加した市民が持つ"仮定的な感覚"が大切なのです。繰り返しになりますが、十分な討議が重要です。

25名の参加者と２人の進行係

　三鷹の事例では、50余人の参加者が同時に参加しましたので、原則25名のプラーヌンクスツェレと違います。25名が16コマ、互いにメンバーチェンジをしますから、実際25名で合意形成しているわけです。ドイツでは、25名の参加者と２人の進行役、１人の補助員（休憩、食事の世話などを担当）で非常にコンパクトな形で実施しています。マスコミその他はシャットアウトですから、今回のようなイベントのような雰囲気と全く異なっています。

情報提供

　通常、提供されるべき情報には2種類あります。ひとつは、その公共課題を理解するのに必要な一般的情報です。その中に、統計的データ、歴史的背景、法的枠組みなどの説明も入るでしょう。しかし、同時に、社会には様々な異なった利害があります。また、配慮すべき少数者の意見もあります。論理的対抗的議論もあるでしょう。こうした"異なった情報"も大切です。三鷹市の事例では、"防犯"と"自由"の対立など、もっと対抗的意見・情報があればという感想を持ちました。

2 日本版プラーヌンクスツェレ―2日間のプログラム

　以上の点を踏まえ、日本の現状では、とりあえず2日間の実施が現実的でしょう。青年会議所の取り組みを見ると、それでも多くの成果が期待できるようです。実施事例を増やし、ドイツの事例と比較しながら検討していくことがまず大切です。

　そこで、2日間のモデルを以下のように作ることができます。

　ただ、プラーヌンクスツェレの核心は、市民のみの討議を重ねていくことですから、1つのプラーヌンクスツェレは25名を原則として並行開催すべきです。そうすれば、同時に2つのプラーヌンクスツェレが実施され、50名が参加できます。また、その期間に参加できない人をカバーし、社会的代表性を高めるためにも、別の2日間に2つのプラーヌンクスツェレを開催し、合計4つ、100人の市民の参加が望まれます。これは工夫次第で、日本でも実現可能ではないでしょうか。

	1日目	2日目
9：00〜10：30	①	⑤
10：30〜11：00	休　憩	休　憩
11：00〜12：30	②	⑥
12：30〜13：30	食　事	食　事
13：30〜15：00	③	⑦
15：00〜15：30	休　憩	休　憩
15：30〜17：00	④	⑧

① プログラム、話し合いのルールなどを全体会で説明。テーマについて参加者が現時点で持っている印象、考えを出してもらう。
②、③ テーマについて一般的情報や行政から制度、これまでの経緯等の説明を受ける。
④、⑤ テーマについて利害関係者や対立的意見の紹介をしてもらう。
⑥、⑦ 小グループでの意見形成・提案作り
⑧ 発表と個人評価（投票）、また、この市民参加のプロジェクトへの感想・評価をアンケートに答える。

　小グループでの討議のコマ数は、やはり、最終のコマを除いたとして7コマは確保すべきです。プラーヌンクスツェレは、グループでの意見形成が命ですから。

　千代田区で実験的に取り組まれ、三鷹市で本格化した、無作為抽出による市民の参加を促す活動は、大変勇気のいるものでした。ただ、この活動がコンパクトものにならず、更に、ここで述べた日本版プラーヌンクスツェレのモデルへと飛躍することを願っています。
　ドイツでも30年かかったプロジェクトですから、安易に急ぎすぎると、「市民討議」の本質を見失う恐れがあります。

おわりに

自治体ガバナンスの視点から

　今日、自治体をめぐる環境は大きく変化しています。画一的サービスを供給する時代から地域の現状に即した形でサービスを加工しなけばいけません。別な見方をすると、サービスの重点がハードからソフトに移行して来ていると捉えることもできます。公共事業で道路や橋などのハードを建設するニーズが相対的に低下し、介護保険など福祉分野、教育をめぐる様々な課題など、心のケアなどを含むソフト面に重心が移ってきました。しかし、こうした対人ケアは、行政が一方的に決めてサービスを供給し解決することはできません。三鷹市で取り上げられた「子どもの安心・安全」の議論でも、このことはよく理解できます。個人・家庭の責任、地域社会が協力してできること、所管の異なった行政機関の協力、企業など異なったアクターが協力することが必要です。とりわけ、自治体を取り巻く財政など環境は非常に厳しくなっていますので、住民が力を出して解決する必要も多くなっています。その場合、住民の公共政策形成に関わる必要はますます大きくなると考えられますが、本書で示したプラーヌンクスツェレのような、一般市民の参加は意味のあるものになるでしょう。

協働型議会の機能として

　しかし、ドイツの事例を見ましても、私の知る限り、プラーヌンクスツェレの委託機関が議会であったことは

ありません。どちらかというと、ドイツでも議会はこうした市民の参加を嫌う傾向にありました。しかし、住民全体の幸福を追求することが本来の政治の目的であるという考えに立つと、市民が討議を通して理性的な案を提示してくることは、むしろ歓迎すべきではないかという意見が次第に強くなっています。本書で紹介した２つの事例でも、「市民答申」が決定権を持つものではありません。具体的詰めを決定していく機能は、常に必要です。それが議会に託された機能であると考えると、逆に、議会に連結した、別な言い方をすれば、議会が委託するプラーヌンクスツェレがあっても良い筈です。山梨学院大学の江藤俊昭教授は、住民投票のような直接民主主義の制度も、議会と両立する機能と考えるべきである、と主張し、このシリーズの「自治を担う議会改革」で協働型議会が担う役割として、市民社会の醸成をあげています。であれば、議会としてプラーヌンクスツェレの実施を積極的に働きかけることも可能でしょう。日本で、そのような新しい可能性を開いてほしいものだと願っています。

"討議する公衆"の登場

　議会の活性化を論ずる時、議員は選挙で選ばれるのですから、選挙民が公共性とどのように関わるかが実は重要になってきます。新しい議会の姿を模索する議員が多く出てきていますが、これまでのように選挙民が議員に利益を代弁する機能のみを求めているとすれば、その努力もむなしくなります。

　本書で紹介したプラーヌンクスツェレでは、日頃政治にあまり関心を示さなかった一般市民が、無作為で選ばれ、公共的課題に情報を得ながら関わることで、"討議

する公衆"として登場することを示しています。こうした政治文化が地域に生まれることが、ひいては、自治体議会の改革に大きく寄与することになるでしょう。

ヨーロッパでの新しい展開

　一昨年（2004年）5月、ベルリンでプラーヌンクスツェレに関する国際会議が開催されました。ヨハネス・ラウ大統領（当時）も出席し、各国から学者や行政関係者、政治家が集まり、プラーヌンクスツェレに関する議論を行ないました。主なテーマは、人口構成の変化、環境・消費者問題、国土計画、財政など長期的課題に対しプラーヌンクスツェレはどのように寄与できるかということでした。

　また、ヨーロッパではEUの統合が進んでいますが、常に"民主主義の赤字"が言われてきました。ヨーロッパ議会は各国民が直接選出する機関になり権限も強化されてきましたが、あくまでも諮問機関の立場です。しかし、国民生活に関係するEU法は次々に制定され、各国の政策も大きな影響を受けています。しかし、EU市民の苛立ちは、時に噴出し、ヨーロッパ憲法案は、フランスなどの国民投票で否決されました。そこで、今年EU加盟やスイス、ルーマニアなどを含めたヨーロッパ各国、地域で、大規模な市民参加が行なわれています。そこでも、プラーヌンクスツェレで示された方法が用いられています。

　このようにヨーロッパでは、プラーヌンクスツェレの手法は、地方自治体のレベルを超え、州、連邦、EUなど広域的課題や遺伝子工学等の先端技術の社会的制御などマクロ問題にまで活用されています。本書では、こうした分野には論及せず、地方自治体の政策形成における

手法として紹介しました。どちらにせよ、日本という遠くはなれた国で共通の問題意識に基づき、事例を積み重ねることこそが大切であると思います。

　本書は、「プラーヌンクスツェレ」に関する、日本で初めての単行本です。ディーネル教授から同教授の著書の翻訳を勧められて10年が経ちます。本書は、地方自治体レベルでの実践に関する紹介ですが、先生の願いに１歩でも近づけたとしたら嬉しく思います。
　最後に、プラーヌンクスツェレに関する出版をお勧めいただいた山梨学院大学の江藤俊昭教授に感謝いたします。また、篠原一教授には、"市民による統治"の視点を忘れないように厳しくご指導いただきました。イマジン出版の青木菜知子さんは、本来今年の初めに出版する約束であった本書を辛抱強く待っていただきました。末尾になりましたが、感謝いたします。

日本語で出されたプラーヌンクスツェレに関する主な文献：

- 市川嘉一：「行政革新・海外報告（上）英・独、行政サービスに競争原理」（日経地域情報）1997年9月
- 江藤俊昭：「自治を担う議会改革－住民と歩む協働型議会の実現－」（イマジン出版）2006年2月
- 大村謙二郎：「西ドイツにおける都市計画教育と住民参加」（都市計画116）1981年6月
- 工藤春代：「消費者政策の形成と評価－ドイツの食品分野－」日本経済評論社、2007年1月（予定）
- 後藤潤平：「プラーヌンクスツェレ－熟慮デモクラシー論の実践的アプローチ－」早稲田大学政治公法研究（第76号）、2004年8月
- 篠藤明徳：「プラーヌンクスツェレードイツの新しい市民参加の方法」「青年」（財団法人日本青年館発行）、1996年5月、6、7月
- 篠藤明徳：「プラーヌンクスツェレのメルクマールとその評価」（「別府大学短期大学部紀要」第19号）、2000年2月
- 篠藤明徳：「ドイツの市町村におけるプラーヌンクスツェレの実施－メアブッシュ市（都市開発）とノイス市（中心市街地）の事例－」（「別府大学紀要」第43号）2001年2月
- 篠藤明徳：「ドイツの市民参加『プラーヌンクスツェレ』の進展」日経グローカル、2004年9月
- 篠藤明徳：「ドイツの新しい市民参加『プラーヌンクスツェレ』」（別府大学地域社会研究センター「地域社会研究第11号」）2005年9月
- 篠藤明徳：「『日本プラーヌンクスツェレ研究会』の設立とその活動」（別府大学地域社会研究センター「地

- 篠藤明徳：「プラーヌンクスツェレから見た『市民討議会』の意義」（別府大学地域社会研究センター「地域社会研究第11号」）2005年9月
- 篠藤明徳：「プラーヌンクスツェレから見た『市民討議会』の意義」（別府大学地域社会研究センター「地域社会研究第11号」）2005年9月
- 篠藤明徳：「プラーヌンクスツェレ—三鷹の"実験"にみる日本版モデルの可能性」日経グローカル、2006年10月
- 篠原一：「市民参加」1977年、岩波書店
- 篠原一：「市民の政治学」2004年1月、岩波書店
- 市民参加・合意形成のあり方研究会：「市民参加・合意形成手法　事例とその検証」2005年8月、市民がつくる政策調査会
- 須田春海：「市民自治体　社会発展の可能性」2005年10月、生活社
- 東京青年会議所　千代田区委員会：「みんなでつくる行政のかたち—市民討議会報告書」2005年10月
- ペーター・C・ディーネル「政治に常にコミットする"市民の役割"」（別府大学地域社会研究センター「地域社会研究第11号」）2005年9月
- 日本経済新聞社・日経産業消費研究所調査・編集：「海外（ドイツ・英国）における政策形成過程への市民参加」、神奈川県自治総合研究センター発行、1998年3月
- 山内健生：「ドイツにおける新たな市民参加の手法をめぐる議論について（一）」「地方自治」（第74巻　第6号）

●著者紹介

篠藤明徳（しのとうあきのり）

1954年大分県別府市生まれ
東京大学文学部西洋史学科卒業
ドイツ・ケルン大学、ボン大学で歴史学、政治学専攻
ドイツ連邦共和国バーデン・ヴュルテンベルク州経済省の対日広報担当を経て別府大学文学部人間関係学科教授、別府大学地域社会研究センター主任研究員

全国市町村国際文化研修所教科問題懇話会委員兼講師
日本プラーヌンクスツェレ研究会代表
大分県由布市個人情報保護審議会委員

●主な著書・論文（プラーヌンクスツェレに関する日本語文献を除く）
- 「ドイツにおける『農村地域』の現状と課題」：地域社会研究第1号、別府大学地域社会研究センター、1999年（単著）
- 「ドイツの後進的農村地域活性化政策に関する一考察」：別府大学短期大学部紀要第18号、1999年
- Die Befreiung der Politik: Peter C. Dienel (Hrsg.) VS Verlag fuer Sozialwissenschaften, 2005（共著）

●日本プラーヌンクスツェレ研究会と連絡先

```
日本プラーヌンクスツェレ研究会（代表　篠藤明徳）
〒874－8501
大分県別府市北石垣82　別府大学文学部　篠藤研究室
    メールアドレス　shinoto@mc.beppu-u.ac.jp
    ホームページ　http://www.shinoto.de/pz-japan/
```

コパ・ブックス発刊にあたって

　いま、どれだけの日本人が良識をもっているのであろうか。日本の国の運営に責任のある政治家の世界をみると、新聞などでは、しばしば良識のかけらもないような政治家の行動が報道されている。こうした政治家が選挙で確実に落選するというのであれば、まだしも救いはある。しかし、むしろ、このような政治家こそ選挙に強いというのが現実のようである。要するに、有権者である国民も良識をもっているとは言い難い。

　行政の世界をみても、真面目に仕事に従事している行政マンが多いとしても、そのほとんどはマニュアル通りに仕事をしているだけなのではないかと感じられる。何のために仕事をしているのか、誰のためなのか、その仕事が税金をつかってする必要があるのか、もっと別の方法で合理的にできないのか、等々を考え、仕事の仕方を改良しながら仕事をしている行政マンはほとんどいないのではなかろうか。これでは、とても良識をもっているとはいえまい。

　行政の顧客である国民も、何か困った事態が発生すると、行政にその責任を押しつけ解決を迫る傾向が強い。たとえば、洪水多発地域だと分かっている場所に家を建てても、現実に水がつけば、行政の怠慢ということで救済を訴えるのが普通である。これで、良識があるといえるのであろうか。

　この結果、行政は国民の生活全般に干渉しなければならなくなり、そのために法外な借財を抱えるようになっているが、国民は、国や地方自治体がどれだけ借財を重ねても全くといってよいほど無頓着である。政治家や行政マンもこうした国民に注意を喚起するという行動はほとんどしていない。これでは、日本の将来はないというべきである。

　日本が健全な国に立ち返るためには、政治家や行政マンが、さらには、国民が良識ある行動をしなければならない。良識ある行動、すなわち、優れた見識のもとに健全な判断をしていくことが必要である。良識を身につけるためには、状況に応じて理性ある討論をし、お互いに理性で納得していくことが基本となろう。

　自治体議会政策学会はこのような認識のもとに、理性ある討論の素材を提供しようと考え、今回、コパ・ブックスのシリーズを刊行することにした。COPAとは自治体議会政策学会の英略称である。

　良識を涵養するにあたって、このコパ・ブックスを役立ててもらえれば幸いである。

　　　　　　　　　　　　　　自治体議会政策学会　会長　竹下　譲

●まちづくりと新しい市民参加―ドイツのプラーヌンクスツェレの手法―

COPABOOKS
自治体議会政策学会叢書
まちづくりと新しい市民参加
―ドイツのプラーヌンクスツェレの手法―

発行日	2006年11月21日
	2010年3月31日　第2刷発行
著　者	篠藤明徳
監　修	自治体議会政策学会 ⓒ
発行人	片岡幸三
印刷所	株式会社シナノ
発行所	イマジン出版株式会社

〒112-0013　東京都文京区音羽1-5-8
電話 03-3942-2520　FAX 03-3942-2623
http://www.imagine-j.co.jp

ISBN978-4-87299-431-5　C2031　¥1000E
乱丁・落丁の場合は小社にてお取替えをいたします。

イマジン出版 http://www.imagine-j.co.jp/

ケチケチ市長と呼ばれて
―市民と進めた財政健全化―
井上 哲夫(前四日市市長)著
- 行政改革・情報公開・談合との闘い、四日市市財政健全化までの軌跡。
- 全国自治体や国の財政健全化の先がけとして注目された「透明で健全な行政」づくりで、市民と変えた市役所。
- 3期12年の苦闘と喜びの総括。だれもが不安なこの時代に勇気をもらえる一冊。

□A5判／180頁／定価1,575円(税込)

危機管理マニュアル
どう伝え合う ―クライシスコミュニケーション―
吉川 肇子(慶應義塾大学准教授)　釘原 直樹(大阪大学教授)
岡本 真一郎(愛知学院大学教授)　中川 和之(時事通信社)　著
- 新型インフルエンザ・災害など危機の場面で何をどう伝えるのか。不安に応え、住民と克服するために自治体、医療・防災機関、企業必携のマニュアル

□A5判／186頁／定価1,575円(税込)

よくわかる世界の地方自治制度
竹下 譲(四日市大学大学院地域政策研究所長)監修・著
- 最新情報をもとに編集、17カ国の自治制度がよくわかる。
- 自治の基本、住民の権利、議会の権能などを紹介。
- 地方自治の豊かな可能性を示す一冊。
- 自治体議会の仕組みや特長などをわかりやすく解説。
- 地域自立をめざす人の必携の書。

□A5判／520頁／定価3,675円(税込)

(改訂版) 予算・決算 すぐわかる自治体財政
―バランスシートから財政健全化法まで
兼村 高文(明治大学大学院教授)／星野 泉(明治大学教授)著
- これからどうなる、どうする自治体財政。地方財政健全化法と自治体のバランスシート作成など現状を明快に解説。
- 自治体予算の役割と仕組み、決算の読み方、会計の仕組みや課題などの基礎と財政分析の活用の仕方をわかりやすく著した必携の書。

□A5判／216頁／定価2,100円(税込)

事例解説 すぐわかる選挙運動
―ケースでみる違反と罰則―
山梨学院大学ローカル・ガバナンス研究センター監修／三好 規正(山梨学院大学准教授)著
- 「違反と罰則」がケースですぐわかる。
- 選挙運動、政治活動のすべてを網羅してわかりやすく解説。
- 県選挙管理委員会での経験も生かした豊富な事例紹介で、すべての疑問を最新の法令解釈・判例で解き明かす。
- 選挙運動・政治活動に必携の書。

□A5判／248頁／定価2,310円(税込)

(行政) カタカナ用語辞典
中邨 章(明治大学教授)監修
- 1,500の行政カタカナ用語解説。行政・IT・環境・都市計画・福祉・教育・医療などを分野別に、アイウエオ順で収録。
- 難解な行政用語や新しい行政手法・概念などを適切に説明。現代社会をわかりやすく読み解く一冊。

□A5判／304頁／定価2,310円(税込)

COPA BOOKS　　　　　　　　　　　　　　　　自治体議会政策学会叢書

農村イノベーション
―発展に向けた撤退の農村計画というアプローチ―

一ノ瀬 友博(慶應義塾大学准教授)著
- 日本農業の再生と創造。守りの農村計画から攻めに転ずる道、流域居住圏の可能性などを解説。
- 農業の将来図を描く、中山間地域の明日を拓く必読の1冊。

□A5判／96頁／定価1,050円(税込)

農業政策の変遷と自治体
―財政からみた農業再生への課題―

石原 健二(農学博士)著
- 日本農業の終焉か再生か、問われる国と自治体の取組み。戦前からの農業政策をひも解き、現状の問題点を指摘する。
- 豊富な統計資料で米政策・農業の公共事業・財政に関する政策を分かりやすく解説。

□A5判／86頁／定価1,050円(税込)

自治を拓く市民討議会
―広がる参画・事例と方法―

篠藤 明徳(別府大学教授)／吉田 純夫(市民討議会推進ネットワーク 代表)
小針 憲一(市民討議会推進ネットワーク 事務局長)　　　　　　　　　　　　著
- 全国に広がる市民討議会の開催事例と実施方法をQ&Aで解説。
- 住民主権の原点を再生し、公共課題をみんなで解決する社会へ。
- 情報の共有、問題点の提示、繰り返しの討議で知恵が生まれる。

□A5判／120頁／定価1,050円(税込)

まちづくりの危機と公務技術
―欠陥ダム・耐震偽装・荒廃する公共事業―

片寄 俊秀(大阪人間科学大学教授)
中川　学(国土問題研究会/技術士)著
- 役所の技術職員は必要なのか、公務技術の継承はできるのか。耐震偽装問題に代表される公務技術の危機。さまざまな事例や課題と展望。
- 公務技術者は、まちづくりの助っ人であれと、エールを送る。安全安心に関心のある人必読の書。

□A5判／120頁／定価1,260円(税込)

自治体の観光政策と地域活性化

中尾 清(大阪観光大学教授)著
- 観光庁発足―21世紀は観光の世紀。国際競争力・地域の総合力を問う観光行政。
- 住む人にいい町こそ迎えるにいい町。観光とは何か、戦前から今日までの観光の歴史、豊富な各地の事例。
- 「観光」の本当の意味がわかる、まちおこしを考える人必読の書。

□A5判／180頁／定価1,575円(税込)

スウェーデン 高い税金と豊かな生活
―ワークライフバランスの国際比較―

星野 泉(明治大学教授)著
- 暮らしの豊かさ、人間の幸福を税金の仕組みから問い直す。消費税25%でもたじろがない、どうしてそんなことができるのか。
- 生活実感からみたスウェーデン。
- 税金の国際比較を通して明らかにするスウェーデンの実像と日本のひずみ。

□A5判／120頁／定価1,050円(税込)

イマジン出版　〒112-0013 東京都文京区音羽1-5-8
TEL.03-3942-2520　FAX.03-3942-2623

D-file [ディーファイル]

イマジン出版
〒112-0013 東京都文京区音羽1-5-8

分権自治の時代・自治体の新たな政策展開に必携

自治体の政策を集めた雑誌です
全国で唯一の自治体情報誌

毎月600以上の自治体関連記事を**新聞1紙の購読料**なみの価格で取得。

[見本誌進呈中]

実務に役立つよう記事を詳細に分類、関係者必携!!

迅速・コンパクト
毎月2回刊行(1・8月は1回刊行)1ヶ月の1日〜15日までの記事を一冊に(上旬号、翌月10日発行)16日〜末日までの記事を一冊に(下旬号、翌月25日発行)年22冊。A4判。各号100ページ前後。名号の掲載記事総数約300以上。

詳細な分類・編集
自治体実務経験者が記事を分類、編集。自治体の事業・施策に関する記事・各種統計記事に加えて、関連する国・企業の動向も収録。必須情報がこれ一冊でOK。

見やすい紙面
原寸大の読みやすい誌面。検索しやすい項目見出し。記事は新聞紙面を活かし、原寸サイズのまま転載。ページごとに項目見出しがつき、目次からの記事の検索が簡単。

豊富な情報量
58紙以上の全国紙・地方紙から、自治体関連の記事を収録。全国の自治体情報をカバー。

自治体情報誌 D-file別冊 Beacon Authority 実践自治 ビーコン オーソリティー

条例・要綱を詳細に収録
自治体が制定した最新の条例、要綱、マニュアルなどの詳細を独自に収録。背景などポイントを解説。

自治体アラカルト
地域や自治体の特徴的な動きをアラカルトとして編集。
自治体ごとの取り組みが具体的に把握でき、行政評価、政策分析に役立つ。

タイムリーな編集
年4回刊(3月・6月・9月・12月、各月25日発行)。各号に特集を掲載。自治体 を取りまく問題をタイムリーに解説。A4判・80ページ。

実務ベースの連載講座
最前線の行政課題に焦点をあて、実務面から的確に整理。

施策の実例と評価
自治体の最新施策の事例を紹介、施策の評価・ポイントを解説。各自治体の取り組みを調査・整理し、実務・政策の企画・立案に役立つよう編集。

D-fileとのセット
D-fileの使い勝手を一層高めるために編集した雑誌です。
別冊実践自治[ビーコンオーソリティー]のみの購読はできません。

ご購読価格(送料・税込)

☆年間契約	55,000円	=[ディーファイル] 年間22冊 月2冊(1・8月は月1冊) 実践自治[ビーコンオーソリティー] 4冊/(年間合計26冊)
☆半年契約	30,500円	=[ディーファイル] 半年間11冊 月2冊(1・8月は月1冊) 実践自治[ビーコンオーソリティー] 2冊/(半年間合計13冊)
☆月払契約	各月5,000円(1・8月は3,000円)	=[ディーファイル] 月2冊(1・8月は月1冊) 実践自治[ビーコンオーソリティー]=3,6,9,12月各号1,250円

お問い合わせ、お申し込みは下記「イマジン自治情報センター」までお願いします。

電話(9:00〜18:00) **03-3221-9455**
FAX(24時間) **03-3288-1019**
インターネット(24時間) **http://www.imagine-j.co.jp/**